Rosina-Fawzia Al-Rawi

Der Ruf ALLAHs

Ein Begleitbuch durch dcn heiligen Monat RAMADAN

Rosina-Fawzia Al-Rawi

Der Ruf ALLAHs

Ein Begleitbuch durch den heiligen Monat RAMADAN

Bibliografische Information der Deutschen Bibliothek
Die Deutsche Bibliothek verzeichnet diese Publikation in der Deutschen Nationalbibliothek; detaillierte Daten sind im Internet über http://dnb.de abrufbar.

1. Auflage 2021
Originalausgabe

Inh.: Cornelia Linder, Hirnsbergerstr. 52, D - 83093 Antwort
Tel.: +49 (0)8053 – 7992952, E-Mail: info@sheema.de
https://www.sheema-verlag.de

ISBN 978-3-948177-08-9

Auch als E-Book erhältlich: ISBN 978-3-948177-98-0

Umschlaggestaltung: Schmucker-digital unter Verwendung folgender Motive:
© PantherMedia / perszing1982 | © sunnyfrog – Fotolia
Korrektorat: Susanne Hülsenbeck
Gesamtkonzeption: Sheema Medien Verlag, Cornelia Linder
Druck und Bindung: FINIDR, s.r.o., Český Těšín

Für

NOUR, KARIM, QAIS

بِسۡمِ ٱللَّهِ ٱلرَّحۡمَٰنِ ٱلرَّحِيمِ

بِسۡمِ ٱللَّهِ ٱلرَّحۡمَٰنِ ٱلرَّحِيمِ ﴿١﴾ ٱلۡحَمۡدُ لِلَّهِ رَبِّ ٱلۡعَٰلَمِينَ ﴿٢﴾ ٱلرَّحۡمَٰنِ
ٱلرَّحِيمِ ﴿٣﴾ مَٰلِكِ يَوۡمِ ٱلدِّينِ ﴿٤﴾ إِيَّاكَ نَعۡبُدُ وَإِيَّاكَ نَسۡتَعِينُ ﴿٥﴾ ٱهۡدِنَا
ٱلصِّرَٰطَ ٱلۡمُسۡتَقِيمَ ﴿٦﴾ صِرَٰطَ ٱلَّذِينَ أَنۡعَمۡتَ عَلَيۡهِمۡ غَيۡرِ ٱلۡمَغۡضُوبِ
عَلَيۡهِمۡ وَلَا ٱلضَّآلِّينَ ﴿٧﴾

Sure Al–Fātiḥa

سورة الفاتحة

„Die Öffnende“

(1) Im Namen Allāhs, des Allerbarmers, des Allbarmherzigen

(2) Alles lobt den Schöpfer der Welten

(3) Der unendlich Gütige, Der immer Barmherzige

(4) Der König des Letzten Gerichtes

(5) Du bist es, Den wir anbeten, und bei Dir suchen wir Zuflucht

(6) Leite uns auf den rechten Weg,

(7) den Weg derer, über denen Deine Gnade waltet;
nicht derer, über denen Dein Zorn waltet,
noch derer, welche in die Irre gehen.

Inhalt

Die 28 Buchstaben des Arabischen Alphabets und deren transliterarische Entsprechung

أ	=	a	ض	=	ḍ
ب	=	b	ط	=	ṭ
ت	=	t	ظ	=	dh
ث	=	ṯ	ف	=	f
ج	=	ğ	ق	=	q
ح	=	ḥ	ع	=	(
خ	=	h	غ	=	ġ
د	=	d	ك	=	k
ذ	=	d	ل	=	l
ر	=	r	م	=	m
ز	=	z	ن	=	n
س	=	s	ه	=	h
ش	=	š	و	=	w
ص	=	ṣ	ى	=	y

Anmerkungen zur Transliteration

Die Transliteration folgt den Vorgaben der Deutschen Morgenländischen Gesellschaft (DMG).

Alle arabischen Namen wurden umgeschrieben außer bestimmten arabischen Begriffen wie Koran (qur`ān), Ramadan (ramaḍān), Dhikr (ḏikr), Dschinn (ğinn), Mashallah (mā šā`a llāh), Alhamdulillah (al-ḥamdu li-llāh), Jihad (ğihād), Shaytan (šayṭān), Hadith (ḥadīṯ), Shahada (šahāda).

Ebenso wurden Eigennamen nicht umgeschrieben, da sie häufig Verwendung finden und daher bekannt sind.

Allah führt uns und sagt uns: *„Es mag wohl sein, dass ihr eine Sache hasst, indessen sie gut für euch ist, und es mag wohl sein, dass ihr eine Sache liebt, indessen sie schlecht für euch ist: und Gott weiß, während ihr nicht wisst.“* (2:216)

لا اله إلا الله محمد رسول الله

lā ilāha illā llāh – muḥammadun rasūlu llāh

„Es gibt keine Wirklichkeit außer Gott allein
und Muhammad (der Vollkommene)
ist der Gesandte Gottes.“

Dieses kleine Buch schöpft einen Tropfen aus dem
einen reichen Ozean des Islam
ohne Unterscheidung oder Trennung.

Beim Brechen des Fastens sprich:

„Oh Allah, ich habe für Dich gefastet und mit Deiner Versorgung breche ich mein Fasten.“ [1]

اللهم لك صمت، وعلى رزقك أفطرت

allāhumma laka ṣumtu wa-‘alā rizqika ’afṭartu

Nach dem Fastenbrechen sprich:

„Der Durst ging vorüber, die Adern wurden befeuchtet und die Belohnung wurde beständig, so Allah will.“ [2]

ذهب الظمأ وابتلت العروق، وثبت الأجر إن شاء الله

ḏahaba aḏh-ḏhama’u wa-btalati l-‘urūq wa-ṯabata l-’ağru in šā’a llāh

Einleitung – Vorwort

Der Prophet (ﷺ) sagte: „Es gibt ein Tor im Paradies namens Ar-Raiyan. Diejenigen, die das Fasten einhalten, werden am Tag der Auferstehung durch dieses Tor eintreten und niemand außer ihnen wird durch es eintreten. Der Ruf wird kommen: ‚Wo sind diejenigen, die gefastet haben?' Sie werden aufstehen und werden die Einzigen sein, die durch es eintreten können. Nach ihrem Eintritt wird das Tor geschlossen und niemand wird mehr durchgehen." [3]

Das Wort Ramadan kommt von der arabischen Wurzel r-m-ḍ, was „durch die Intensität der Sonne erhitzt" oder „brennen" bedeutet und uns daran erinnert, dass der Zweck des Monats Ramadan darin besteht, die Schleier zu verbrennen, die uns von der Erfahrung der Allgegenwart Allahs vernebeln.

Allah hat diesen Monat als eine klare, sprudelnde Quelle bestimmt, in der wir unser Leben und unseren Seelenzustand läutern können und uns auf dem Weg Richtung göttliches Licht bewegen.

Dieser Monat ist ein Monat der Reinigung der Seele und der spirituellen Entfaltung. Es ist der Monat der Großzügigkeit und des Teilens.

Ibn ‚Abbas berichtete, dass Allahs Gesandter (ﷺ) der großzügigste in Sachen wohltätige Zwecke war, aber im Monat Ramadan war er (ﷺ) dies bis zum Äußersten. Der Engel Gabriel (Friede sei mit ihm) traf ihn (ﷺ) jedes Jahr im Monat Ramadan, bis er endete, und Allahs Gesandter (ﷺ) rezitierte ihm den Koran, und wenn Gabriel bei ihm (ﷺ) war, war Allahs Gesandter (ﷺ) am großzügigsten im Geben und in der Nächstenliebe wie der wehende Wind (Alles und Alle berührend). [4]

Der Monat Ramadan ist nicht da, um dich zu belasten oder dir das Leben zu erschweren, er ist ein göttliches Geschenk, das dich inspirieren und verwandeln soll.

In diesem Monat geht es darum, dich vom Gewicht deines Egos zu befreien und dich vom Einfluss des Egos, des Nafs, zu lösen, das dich belastet.

Allah sagt uns: *„Das Fasten ist dir vorgeschrieben, wie es denen vor dir vorgeschrieben wurde, damit du gottbewusst bleibst.“* (2:183)

Das Schönste an diesem Monat ist, Allah, dem Allbarmherzigen Ar-Raḥmān, zu dienen und unser Liebesband mit Ihm zu stärken.

Der Gesandte Allahs (ﷺ) sagte: „Zu dir ist Ramadan gekommen, ein gesegneter Monat, den Allah, der Allmächtige und Erhabene, dir zum Fasten geboten hat. Darin werden die Tore der Himmel geöffnet und die Tore der Hölle geschlossen, und jeder Teufel ist gefesselt, und darin hat Allah eine Nacht, die besser als tausend Monate ist, gegeben.“[5]

Es ist ein Monat der Gnade und Herrlichkeit. In ihm ist jeder Tag der beste Tag und jede Nacht die beste Nacht und jeder Moment der beste Moment.

Die Kostbarkeit des Monats Ramadan liegt vor allem in seinem spirituellen Wert und dem hohen Platz, den dieser Monat bei Allah einnimmt.

„Oh, Allah, öffne mein Herz für Dich in Liebe und Dankbarkeit.“

Das arabische Wort für Fasten ist „ṣiyam“, was vom Wurzelwort s-w-m stammt, das „Selbstbeherrschung“ und „Enthaltung“ bedeutet.

Der wertvollste Aspekt beim Fasten ist die Selbsterkenntnis. Wenn wir aufgefordert werden, das Ego zurückzuhalten, offenbaren sich unsere Abhängigkeiten, unsere Schwächen, unsere Unachtsamkeiten und geben uns das Bewusstsein, das wir brauchen, um uns von ihnen zu befreien. Das Ziel des Fastens ist, die niederen Triebe zu verwandeln, um positive Eigenschaften zu erreichen.

Wenn wir also auf die äußeren Ablenkungen wie Handy, Fernsehen, Computerspiele und andere Vergnügungen und Ablenkungen verzichten, auf unsere Worte achten und Unnötiges erst gar nicht aussprechen, wenn wir unsere Handlungen achtsam ausführen, wenn wir unsere Gedanken beobachten, wie wir über uns selbst und unsere Mitmenschen denken und inneren Vorurteilen widerstehen, wenn wir bedachter mit unserer Umwelt und der Natur umgehen und uns aufrichtig in die Gebete begeben und uns in den heiligen Koran vertiefen, wenn wir unser Heim mit den heilenden Klängen des Korans füllen, schaffen wir einen Raum der Selbsterkenntnis, einen Raum, in dem wir Allahs Gnade und Liebe erfahren können.

Der Monat Ramadan ist zugleich eine anstrengende und freudevolle Zeit. Im Verlaufe dieses Monats lösen sich dreißig Mal enthaltsame Spannung und kontaktfreudige Feierlichkeit ab.

Im gleichzeitigen Fasten der ganzen islamischen Welt erfahren wir eine verstärkte geistige Verbundenheit mit der Gemeinde, der Umma.

In den Bewegungen von Enthaltsamkeit (untertags), Feierlichkeit (Sonnenuntergangszeit) und Rückzug (die Nächte) erfahren wir uns in allen Prägungen des Lebens.

„Oh, Allah, lass mich der Sehnsucht in meinem Herzen nachgehen.
Lass nicht die Sorgen dieser Welt meine grösste Sorge sein
und schütze mich vor den Ablenkungen dieser Welt,
sodass ich stets Deiner gedenke.“

Im Monat Ramadan können wir in ein Bewusstsein kommen, in dem alle unsere Handlungen ein Akt der Anbetung werden. Unsere Nichtigkeit, unsere Beengtheit zu erleben, öffnet einen Raum in uns, der den Duft der Dankbarkeit verbreitet, öffnet unsere Augen für die Wunder, die uns umgeben.

„Und Gottes ist der Osten und der Westen, wohin immer ihr euch wendet, dort ist Gottes Antlitz.“ (2:115)

In unserer Verlangsamung durch das Fasten verharren wir länger bei einer Sache. „Die Rastlosigkeit und Hetzerei kommt vom Shaytan", sagt ein arabisches Sprichwort. Sie kommen vom Shaytan, weil sie uns der Schönheit berauben.

Das Nafs liebt die Schnelligkeit und Abwechslung, nur keine Langeweile, nur kein langes Reflektieren, Antworten sollen sofort kommen, Dinge sollen schnell erledigt, Vergnügungen immer abwechslungsreich sein.

Wenn wir durch das Fasten verlangsamt werden, kann die Berührung eines jeden Gegenstandes, jeder Gang zu einem bestimmten Ziel, jeder bewusste Atemzug zu einer Kontemplation in die Schönheit von Allahs Schöpfung werden und einen Dank in unserem Herzen gegenüber dem Schöpfer auslösen, Alhamdulillah!

Der Prophet Muhammad (ﷺ) sagte: „Gott, der Allmächtige, sagt, alle Werke des Menschen sind für ihn, außer dem Fasten, es gehört Mir und Ich werde es belohnen, Ich bin sein Lohn."[6]

Diese berührenden Worte des Propheten (ﷺ) zeigen uns so sehr die Liebe Allahs zu uns. Mein Fasten ist das einzige, was ich in Liebe und Hingabe Allah hinhalten kann. Allah anerkennt, dass ich Willensstärke, Verzicht und Überwindung auf mich nehme, um Ihn zu erfreuen.

Fasten in diesem heiligen Monat ist ein Hinhalten all unserer Schwächen. Es ist die Ergebung und Verbundenheit und vollkommene Abhängigkeit von Allah zu erfahren und zu preisen.

„Es war der Monat Ramadan, in dem der Koran von droben erteilt wurde, als Rechtleitung für den Menschen und evidenter Beweis dieser Rechtleitung, und als Maßstab, mit dem das Wahre vom Falschen zu unterscheiden ist, wer immer von euch diesen Monat erlebt, soll in ihm fasten." (2:185)

Allah beschreibt diesen Monat als den Monat, in dem der Koran offenbart wurde und zeigt uns damit, dass unser Fasten von der Welt uns hilft, die Führung und Leitung des Korans tiefer zu erfahren. In der Erfahrung unserer Schwäche durch das Fasten, im Erleben unserer Abhängigkeit von allen Gaben Allahs, erfahren wir Seine Liebe, Seine Nähe und Fürsorge für uns. Die Worte des Koran treffen jeden Suchenden genau dort, wo er sich auf seiner spirituellen Reise befindet.

Der Koran bereitet unsere Seele und unseren Geist für die bevorstehende unendliche Reise, die Rückkehr zu Ihm, vor.

Unser geliebter Prophet Muhammad (ﷺ) beschreibt es so: „Dem Fastenden stehen zwei Freuden bevor: Wenn er sein Fasten bricht, ist er voller Freude, und wenn er seinem Herrn (am Tage des Jüngsten Gerichts) begegnet, freut er sich über das von ihm geleistete Fasten!“ [7]

Der Koran ist das Wunder, das uns von Allah durch den Gesandten Allahs (ﷺ) geschenkt wurde. Wir lesen und hören von den Wundern der Propheten, Allahs Friede sei mit ihnen, doch wir sind die einzigen, die das Wunder Koran jetzt in unseren Händen halten und direkt davon trinken können. Welch Ehre und welch Verantwortung.

Mögen deine reinen Hände den Koran halten, mögen deine liebenden Lippen ihn berühren und möge dein ganzes Wesen von dieser Quelle trinken.

Das Fasten hilft uns also bei diesem Prozess, es hilft uns bei der Beherrschung des Selbst. Wenn wir gebeten werden, alles zu verlassen, was uns ablenkt, was uns von außen nährt, sind wir gewissermaßen gezwungen, in uns nach unserer Sehnsucht zu suchen.

Wir beginnen unsere Reise, indem wir uns nach innen wenden, von der Schöpfung fasten und uns dem Schöpfer zuwenden.

Zu Beginn unseres Fastens spüren wir insbesondere Allahs Barmherzigkeit und Hilfe.

Wenn sich unsere Herzen öffnen, erfahren wir Allahs Barmherzigkeit und die Bitte um Vergebung weitet sich in uns aus.

Die Vergebung hilft uns, in den nächsttieferen Bewusstseinszustand einzutreten und alle unsere Sinne von allem zu befreien, was uns Allah nicht näherbringt.

„OH, ALLAH, BRING UNS NÄHER AN DIE BESTE VERSION UNSERER SELBST. ERWEITERE MEINEN GEIST VON ICHBEZOGENHEIT HIN ZUR UMARMUNG DEINER SCHÖPFUNG IN BARMHERZIGKEIT, VERGEBUNG UND WOHLGEFALLEN."

Die dritte Ebene unseres Fastens ist, darauf zu achten, dass unsere Gedanken nicht vom Ego, vom Nafs, genährt werden.

Es ist das Fasten von Arroganz und Selbstgefälligkeit, so dass wir unsere völlige Abhängigkeit von Ihm erfahren dürfen.

Dies hilft uns, uns von den Feuern zu befreien, denn Feuer entsteht, wenn wir uns widersetzen, wenn wir Angst haben, loszulassen und in die Ergebung, in das tiefe Vertrauen und die Hingabe zu gehen.

„Allah genügt uns, und was für ein vortrefflicher Hüter ist Er!" (3:173)

Möge Allah uns über den Zustand erheben, den der Geliebte Allahs (ﷺ) besorgt so beschrieb: „Wie gering ist doch die Zahl derer, die wirklich fasten und wie zahlreich sind die (Fastenden), die (nur) hungern." [8]

Wenn Demut unsere Nafs berührt und die Mauern des Widerstands erschüttert, überwinden wir die Isolation und sind bereit, in Allahs Reich der Barmherzigkeit und des Friedens einzutreten. Das Erleben unserer Demut und Allahs Liebe öffnet unsere Herzen und macht unsere Herzen großzügiger gegenüber denen, die in Not sind. Allah legt Großzügigkeit, Gelassenheit und Frieden in unsere Herzen. Die Sorgen der Vergangenheit verschwinden und die Angst vor der Zukunft verlässt uns und wir bleiben im Moment, in der Gegenwart Allahs:

„Nun wahrlich, Wir sind es, die den Menschen erschaffen haben, und Wir wissen, was sein innerstes Selbst in ihm flüstert, denn Wir sind ihm näher als seine Halsschlagader." (50:16)

الله الله الله

Mögen unsere Herzen immer in den Händen Allahs sein, mögen unsere Taten immer ein Ausdruck unserer Liebe sein und mögen unsere Gedanken und Worte die Schönheit enthalten, die Er, subḥanahu wa ta'āla, gepriesen sei Seine Erhabenheit, in uns gelegt hat.

Dieses Buch soll allen auf dem Weg zu Allah, allen aufrichtig Suchenden, allen aus Liebe Fastenden eine Inspiration und Stütze sein. Möge Allah unser Fasten annehmen, denn wir alle trinken und wenden uns in tiefer Hoffnung und wachsamer Furcht an Seine Ewigseiende Raḥma, Gnade.

„Und haltet fest, alle zusammen, an der Verbundenheit mit Allah und entfernt euch nicht voneinander und gedenkt der Segnungen, die Gott euch erteilt hat." (3:103)

1. RAMADANTAG

ṢIYĀM

FASTEN

Unser geliebter Prophet Muhammad (ﷺ) sagte: „Ich schwöre bei Dem, in Dessen Hand das Leben des Muhammad ist, dass der Geruch aus dem Mund eines Fastenden bei Allah besser ist als der von Moschus.“ [9]

Ramadan ist der Monat, in dem uns Allah auffordert, uns weiter spirituell zu vervollkommnen. Indem Allah uns aufruft, auf die Dinge zu verzichten, die normalerweise erlaubt sind, gibt Er uns die Möglichkeit, unseren Willen zu stärken.

Der Monat Ramadan beginnt mit Loslassen, es ist ein Prozess, der uns vom Tun ins Nicht-Tun führt und sich dem friedlichen Fluss der Einkehr, der Selbsterkenntnis hingibt:

„Ich danke Dir und vertraue mich Dir an. Lass mich Deine Führung im Herzen erfahren, lass mich Deine Barmherzigkeit in Allem erkennen. Stärke meinen Glauben und befreie mich von meinen Illusionen der Trennung und Selbstgefälligkeit!“

Es ist nicht leicht für das Ich, das Nafs, auf Gewohnheiten zu verzichten. Das bringt Irritationen hervor, wühlt auf und zeigt uns, wie „unrund“ wir sein können, wenn unsere Bedürfnisse nicht erfüllt werden.

Unsere Anhaftungen an unsere Wünsche und Bedürfnisse versklaven uns oft. Allah ruft uns auf, die Dinge loszulassen, die uns belasten und uns daran hindern, wirklich frei zu sein.

Sie loszulassen, weil Allah dies von uns wünscht, uns zu ergeben und uns dem Loslassen von unseren Gewohnheiten hinzugeben; wenn wir bereit sind, alles fallen zu lassen und taslīm, vertrauensvolle Hingabe, zuzulassen, beginnt ein Freiheitsprozess.

Ramadan ist der Monat des intimen Dialogs mit Allah. Es ist das Aufbrechen der weltlichen Schale, um sich neu zu orientieren. Es ist die Zeit, die Kraft und den Mut aufzubringen, die Vergesslichkeit zu transzendieren und den Sinn unserer Existenz wieder bewusst zu leben.

Es ist, wieder für die unendlichen Segnungen empfänglich zu werden, die Allah uns gegeben hat. Es ist das Heraustreten aus unserem selbstgemachten Gefängnis und das Überschreiten unserer niedrigen, fesselnden menschlichen Eigenschaften.

Die Disziplin und der Verzicht auf weltliche, materielle Nahrung und Genüsse, also Trinken, Essen und Sex, diese wie ein Gewand abzulegen, erlaubt uns, in unserer ganzen Schwäche vor Allah, dem Einen, zu stehen und zu erkennen, dass Allah Aṣ-Ṣamad ist, die Absolutheit, zu der sich alle Geschöpfe in Hilfe wenden.

Wenn Allah uns Grenzen setzt, so dienen sie nicht dazu, unsere Freiheit einzuschränken, sondern um innezuhalten, um aus dem weltlichen Hamsterrad herauszutreten, um die Dinge in unserem Leben zu relativieren.

Es ist die Zeit, unsere Beziehung zu uns selbst, zu unseren Mitmenschen bzw. unserer Umwelt und vor allem unsere Beziehung zu Allah, dem Allbarmherzigen, Ar-Raḥmān, zu überdenken. Dies ist der Grundstein für wahre Ergebung.

Fasten ist nicht nur Verzicht, es ist bewusstes Raum-Machen in uns und in unserem Leben für die Gnade und die Segnungen Allahs.

Wenn wir die niederen Wünsche des Selbst loslassen, entdecken wir, dass der Schlüssel zur Flucht aus unserem selbstgemachten Gefängnis immer in unseren Händen lag.

„Allah, fülle mein Herz mit Vertrauen, schenke mir Hingabe und führe mich zu Dir."

Übung für den Tag

الله الله الله الله الله الله الله الله الله الله الله

Nimm dir vor, am Ende jeder Stunde fünf Minuten, wenn du unterwegs bist, leise, zu Hause auch hörbar, seelenvoll „ALLAH" zu wiederholen.

Es ist hilfreich, alle 55 Minuten das Handy oder den Wecker läuten zu lassen.

Einst sprach ein Lehrer zu seinen Schülern: „Klopft weiter an die Tür Allahs und hört niemals auf, denn in seiner Barmherzigkeit wird Allah schließlich Seine Türe für diejenigen öffnen, die Ihn aufrichtig suchen."

Die Mystikerin Rabi'a Al-'Adawiyya hörte diese Aussage, als sie an der Moschee vorbeiging, und fragte: „War Allahs Tür je geschlossen?"

Wusstest du

Der erste Ādān, wörtlich „Ankündigung", in der Geschichte des Islam wurde, angeregt durch einen Traum von Abdallah ibn Zaid und vom Propheten (ﷺ) befürwortet, von Bilal al-Habaschi, um 623 kurz nach der Auswanderung (Hiğra) aus der Stadt Mekka gerufen. Nach Ansicht der Schia war es der Engel Gabriel, der mit dem Gebetsruf im Auftrag Allahs zum Propheten (ﷺ) kam. Daraufhin bestimmte der Prophet (ﷺ) Bilal zum ersten Gebetsrufer.

2. RAMADANTAG

ṢALĀT

GEBET

Al-Mughira Ibn Schu‘ba berichtete: „Der Prophet (ﷺ) betete gewöhnlich so lange, bis seine Füße anschwollen – oder dick wurden. Und wenn jemand ihn danach fragte, sagte er zu ihm: ‚Soll ich nicht ein dankbarer Diener Allahs sein?‘“ [10]

Eines Tages fragte der Imam Ali: „Welcher Vers im Quran gibt euch am meisten Hoffnung und Zuversicht?“

Einer sprach: *„Wahrlich, Allah vergibt nicht das Zuschreiben von Göttlichkeit zu etwas anderem neben Ihm, doch Er vergibt jede geringere Sünde, wem Er will.“* (4:48)

Der Imam Ali sagte: „Dieser Vers ist eine Wohltat, aber er ist es nicht.“

Da sagte ein weiterer: *„Doch wer Übel tut oder gegen sich selbst sündigt und danach zu Gott betet, dass Er ihm vergibt, der wird Gott vielvergebend, einen Gnadenspender finden.“* (4:110)

Der Imam Ali sagte: „Dieser ist eine Wohltat, aber er ist es nicht.“

Ein weiterer sprach: *„Sag: Oh, ihr Meine Diener, die ihr euch gegen euch selbst vergangen habt! Verzweifelt nicht an Gottes Barmherzigkeit: Sieh, Gott vergibt alle Sünden – denn, wahrlich, Er allein ist vielvergebend, ein Gnadenspender!“* (39:53)

Der Imam Ali sagte: „Dieser ist eine Wohltat, aber er ist es nicht."

Noch einer meldete sich zu Wort und sprach: *„Und die, wenn sie eine schmachvolle Tat begangen haben oder sich an sich selbst versündigt haben, Gottes gedenken und dafür beten, dass ihre Sünden vergeben werden – denn wer außer Gott könnte Sünden vergeben."* (3:135)

Der Imam Ali sagte wieder: „Dieser ist eine Wohltat, aber er ist es nicht."

Da schwiegen die Anwesenden. „Wieso schweigt ihr?", fragte Imam Ali.

„Wir haben nichts mehr hinzuzufügen!"

Da sprach Imam Ali: „Ich hörte meinen geliebten Propheten (ﷺ) sagen: ‚Der Vers im Quran, der am meisten Hoffnung und Zuversicht gibt, sind Allahs Worte: *‚Und verrichte beständig das Gebet am Beginn und am Ende des Tages wie auch während der frühen Wachen der Nacht: denn, wahrlich, gute Taten vertreiben üble Taten.'"* (11:114)

In dieser berührenden Überlieferung erkennt man, wie wesentlich das Gebet, diese tägliche Verbindung und Einbettung für den Menschen ist und wie sie den zentralen Kern unseres Glaubens formt.

Im Gebet widerspiegeln sich alle Stützen des Glaubens. Im Gebet wiederholen wir die Shahada. Im Gebet treten wir aus der Welt der Beschäftigungen, aus dem Streben nach unserem Lebensunterhalt und geben von unserer Zeit, was dem Zakāt entspricht. Im Gebet fasten wir, da wir nichts zu uns nehmen. Im Gebet wenden wir uns der Ka'ba zu, pilgern im Geiste und Herzen hin und richten unseren Körper dorthin. Im Gebet vereinen wir unseren Glauben, die äußere und innere Ausrichtung.

Das arabische Wort für das rituelle Gebet ist ṣalāt (türkisch, persisch namaz) und kommt von der Grundwurzel ṣ-l-w, was „Anrufung", „Erbarmen", „Verbindung", „Vereinung" bedeutet.

Die rituelle Waschung wuḍū' trägt in sich den Akt der Trennung, der Trennung von der äußeren Welt, während das Gebet, ṣalāt, den Akt der Verbindung in sich trägt. Die Verbindung mit der göttlichen Realität Al-Ḥaqq.

Die rituelle Waschung wuḍū' ist eine Reinwaschung des Körpers und der Sinne von den äußeren Aktivitäten der Welt, um den Körper und die Sinne bewusst für die Verbindung vorzubereiten.

Imam as-Sadiq sagte: „Die am meisten geliebte Tat bei Allah ist das Gebet, und es ist die letzte Anweisung des Propheten (ﷺ)."

Wenn Allah im Koran sagt: *„Denn Wir sind ihm näher als seine Halsschlagader"* (50:16), so bedeutet es, dass das Gebet nicht da ist, um uns näherzubringen, sondern, um uns zu sensibilisieren, unser Herz zu öffnen und uns zu erinnern, wie nahe wir schon Seiner Präsenz sind.

Das Gebet hebt uns heraus aus den vergänglichen Mühlen des Alltags und erhebt unser Bewusstsein in die Ewigkeit unserer Seele. Das Gebet ist eine Einbettung in die natürlichen Bewegungen des Universums. Wenn wir beten, verbinden wir uns mit den fortwährenden Lobpreisungen aller Geschöpfe und erfahren so die ewigseiende Güte und Barmherzigkeit Allahs.

Bei der ersten Niederwerfung suǧūd, wenn wir unser Haupt in Demut auf die Erde legen, erinnern wir uns, dass wir aus Staub entstanden sind, bei der zweiten, dass wir sterben werden und wieder zu Staub werden, und wenn wir unser Haupt erneut heben, werden wir erinnert, dass wir wieder auferstehen werden für ein zukünftiges Leben.

Der tiefe Sinn des Betens ist, sein Ich zur Seite zu geben und das Herz zu öffnen für ein intimes Gespräch mit Allah. Es ist ein bewusstes Eintreten in die Gnade Allahs, ein ausdrückliches Raum-Machen für unsere Seele.

Wenn wir fünfmal am Tag in einen fließenden Bach steigen würden, gäbe es dann noch Schmutz auf unserem Körper? Das Gebet ist wie dieser reinigende Bach, es klärt und reinigt uns von unseren Verfehlungen, unserer Vergesslichkeit und unseren Anhaftungen.

Gott braucht uns nicht, um für Ihn zu beten, unsere Gebete sind ein Haltgeben, ein Bewusstmachen, ein Auftanken, ein Schutz für unsere Seele und eine Wachsamkeit für unser Ich, *„denn das Gebet hält zurück von abscheulichen Taten und allem, was der moralische Sinn verwirft."* (29:45)

Das Gebet erinnert uns immer wieder an das, was wir wirklich sind und wieso wir hier sind. Das Gebet erlöst uns von den Lasten des Lebens, relativiert unsere Einstellung zum Leben und gibt uns Halt in einer sich stets ändernden Welt.

Ist nicht unsere Verbindung zu Allah, unser intimer Dialog mit Allah, der Sinn unserer Existenz? Sind wir nicht aus Liebe auf diese Welt gesandt worden, um wiederum durch Liebe zurückzufinden?

Unser geliebter Prophet Muhammad (ﷺ) sprach: „Allah, erhaben ist seine Lobpreisung, machte meine Herzensfreude im Gebet, das Gebet ist mir so lieb wie dem Hungrigen das Essen und dem Durstigen das Trinken lieb ist. Und der Hungrige wird satt, wenn er isst, und der Durstige wird satt, wenn er trinkt, aber ich werde vom Gebet nie satt." [11]

Übung für den Tag

Nimm dir heute vor, bei allem, was auf dich zukommt, bei allem, was dir gesagt wird, bei allem, was du tust: „Alhamdulillah“, „Gepriesen sei Allah“, zu wiederholen, dabei tief einzuatmen und die Worte wie Labsal über deine Gedanken und Gefühle fließen zu lassen. So, als ob du jedes Mal, wenn du „Alhamdulillah“ aussprichst, „ich liebe Dich, Allah“ sagst.

Wusstest du

Wie kostbar und wesentlich das Gebet ist, erkennt man daran, dass ṣalāt die einzige Säule im Islam ist, die dem Propheten (ﷺ) direkt von Allah gegeben wurde ohne die Vermittlung durch den Engel Gabriel. In der lailat al-mi‘rāǧ, der Himmelfahrt Muhammads (ﷺ), holte Allah den Propheten (ﷺ) zu Sich und beauftragte ihm die Gebetspflicht, die der Prophet (ﷺ) dann den Muslimen überbrachte.

3. RAMADANTAG

TAQWA

GOTTESBEWUSSTSEIN

Der Prophet Muhammad (ﷺ) sagte: „Habe taqwa vor Allah, wo immer du auch bist, und lass einer schlechten Tat eine gute Tat folgen, die sie auslöscht, und benimm dich gegenüber den Menschen gut." [12]

In den Übersetzungen wird taqwa häufig mit „Furcht" übersetzt, doch taqwa ist Gottesbewusstsein, ist die Angst, nicht mit Allah verbunden zu sein, und gleichzeitig die Liebe, mit Ihm zu sein.

Es ist ein Schutz, eine Verbundenheit, eine Haltung und innere Führung, die aus dem Gefühl und Wissen kommt: „inna li-llāhi wa-inna ilayhi rāǧi'ūn" (2:156) *„Wir gehören Allah und zu Ihm kehren wir zurück."*

Diese tiefe Gewissheit, dass ich Allah gehöre, dass all mein Segen, all meine Erfahrungen, all mein Besitz, alles, was ich bin, von Ihm kommt, öffnet das Herz und erlaubt mir, mich aus der Angst und der Sorge, die im Leben immer wieder aufkommen, zu Vertrauen und Zuversicht und Ergebung hinzuentwickeln.

Wenn das Herz sich immer mehr in die Hände Allahs begibt und seine sakīna, seinen Frieden, in der Gegenwart Gottes erfährt, beginnt das Herzenslicht den Intellekt einzunehmen und sich in den Wahrnehmungen, in den Sinnen auszubreiten.

Aus dieser inneren Haltung wachsen unsere Würde, unsere innere Schönheit und unsere Barmherzigkeit gegenüber uns selbst und anderen. Es hilft, unser von Allah gegebenes Potenzial in seiner Fülle auszuleben und unserer Seele wahre Freiheit zu erleben.

Ittaqi llāh! Beachte Gott auf all deinen Wegen!

Wenn wir tief in unserem Herzen wissen, dass es einen Schöpfer gibt, werden wir unsere Entscheidungen so treffen, dass wir Gottes Schöpfung wohltun und sie wohlwollend behandeln.

Sich stets an allen Orten und zu allen Zeiten bewusst zu sein, dass es Gott gibt, führt uns dazu, dieses Wissen, dieses tiefe Gefühl, in all unsere Entscheidungsfindungen hinzuzuziehen, nicht aus Angst, sondern aus Liebe, aus Ehrerbietung, aus Selbstachtung.

Denn nur, wenn man dem Göttlichen vertraut und eine Dienerin, ein Diener Allahs wird, erfährt die Seele Allahs Schönheit. Dann erfahren wir die angeborene Güte fiṭra, die Allah in unsere Herzen gelegt hat und die zum Erblühen kommt, wenn unsere Ausrichtung auf das Göttliche gerichtet ist.

Der gesegnete Monat Ramadan ist eine besondere Zeit, die uns Allah schenkt, um das Herz von den fortwährenden Wünschen der Welt auf die ewige Liebe Allahs zu richten.

Es ist ein Monat, in dem wir uns neu oder erneut auf Allah ausrichten und dies in unseren Handlungen, Worten und unserem Benehmen Ausdruck findet, denn *„die beste aller Vorkehrungen ist Gottesbewusstsein.“* (2:197)

So zeigt sich unser Glaube an Allah in unserem Leben.

„Diejenigen, die Glauben erlangen und rechtschaffene Taten vollbringen, wird der Allbarmherzige mit Liebe versehen.“ (19:96)

Der Monat Ramadan ist ein Monat des Vertrauens und des Mutes. Nur, wenn wir wissen, wenn wir unser Herz Allah hinhalten, erfahren wir, wie sehr Gott uns liebt, und können uns von unserer Angst und Furcht vor der unbekannten Zukunft befreien.

Je mehr wir auf Gottes vollkommene Weisheit vertrauen, desto mehr Harmonie fühlen wir in unserem Leben und desto mehr verkörpern wir diese Überzeugung auf unserem Weg und in unseren Zielen.

Es ist diese Mischung aus Ehrfurcht, Vertrauen, Achtsamkeit und Liebe, die uns erlaubt, in den Zustand des adabs, des würdigen, achtsamen Benehmens einzutreten. Es ist taqwa, die uns hilft, uns in die natürlichen Bewegungen und Gesetzlichkeiten des Universums und des Lebens einzubetten.

Taqwa ist eine innere Haltung, die sich auf unsere Seele bezieht und die eine Schnittstelle zwischen Ergebung und Freiheit formt.

Taqwa hilft uns, verantwortungsbewusste Menschen zu werden, ein bewusster Teil der göttlichen Schöpfung mit Rechten und Pflichten zu sein.

Taqwa macht uns innerlich frei, weil wir uns an einer innerlichen Einstellung orientieren und diese unseren Charakter ausmacht und uns beschreibt.

„Wahrlich, der Edelste von euch in der Sicht Allahs ist der, der sich Seiner am tiefsten bewusst ist.“ (49:13)

Taqwa gibt uns Orientierung und Entscheidungs- und Unterscheidungskraft sowie standhaften Mut. Sie hilft uns, in Barmherzigkeit und Freundlichkeit zu sein, ohne zu verurteilen.

Übung für den Tag

Nimm dir heute vor, dir bei allem, was du berührst, allem, was du siehst, allem, was du trägst, allem, was du einkaufst und zubereitest, bei jeder Begegnung, bei allem, was du hörst und riechst, bewusst zu machen, dass es von Allah kommt und Er der Mālik, der Herrscher und Besitzer von allem ist.

Wiederhole:

له الملك وله الحمد

lahū l-mulk wa lahū l-ḥamd

„Alles auf Erden kommt von Dir, ist Dein Besitz,
gepriesen seist Du."

Wusstest du

Der Begriff taqwa sowie das zugehörige Verb und seine Ableitungen kommen im Koran 285-mal vor und zeigen, wie wesentlich diese Haltung für uns ist.

Aus derselben Grundwurzel w-q-y kommen auch die Bedeutungen „auf der Hut sein", „Vorsicht", „schützen", „bewahren", „das Ergreifen einer Vorbeugungsmaßnahme", „Abwehr".

4. RAMADANTAG

TAWBA

VERGEBUNG

Der Prophet (ﷺ) sagte: „Wenn ein Diener eine Sünde begeht, entsteht auf seinem Herz ein schwarzer Fleck. Falls er von dieser Sünde abweicht und Reue zeigt, verschwindet dieser Fleck wieder. Aber falls er dies nicht tut und sich wieder an die Sünden wendet, vermehren sich die schwarzen Flecken auf seinem Herz und schließlich wird sein ganzes Herz mit diesen schwarzen Flecken belegt.“[13]

Tawba ist Umkehr, ist Rückkehr zu unserem wahren Sein, es ist Rückkehr zu den spirituell ausgerichteten Teilen in uns, die wir aufgrund unserer Fehler, unserer Vergesslichkeit aus den Augen verloren haben.

At-Tawwāb kommt von der Wurzel t-w-b. Aus ihr kommen auch folgende Worte und Bedeutungen: „bereuen“, „Reue empfinden“, „sich abwenden von“, „zuwenden“, „sich bekehren“, „verzeihen“, „wieder Gott zuwenden“.

Reue ist Reinigung, es bedeutet, sich wieder auf den Heimweg zu begeben, nachdem man sich verloren hat.

Reue ist auch eine innere Verwandlung der Haltung. Es ist, den Ausruf des Egos „Was tut mir Gott an!“ in den Seelenruf „Was tut Gott durch mich!“ zu verwandeln.

Es ist die tiefe Bekenntnis, dass wir ohne Allahs Gnade und Barmherzigkeit unfähig und schwach sind: *„denn der Mensch ist schwach erschaffen."* (4:28) Diese tiefe Erkenntnis öffnet unsere Herzen zu Allah hin und macht uns empfänglich für Seine Barmherzigkeit.

Tawba ist wie reinigendes Wasser, deswegen drückt sie sich in ihrer allerschönsten Form durch die Tränen aus, alle Fehler wegwaschend.

Es gab einen Sufi namens Samad, der sagte: „Obwohl ich meinen Fehler bedauere, fühle ich mich aufgerichtet, weil meine Begrenzungen mir erlaubt haben, die unglaubliche Schönheit Deiner Vergebung zu erfahren."

Tatsächlich sagen die Sufis, dass die wesentlichsten Eigenschaften der göttlichen Natur Gnade und Barmherzigkeit sind. Gäbe es also keinen Irrtum, keine Fehler oder Sünden, dann hätte das, was am wichtigsten für die Wirklichkeit ist, nämlich Allahs Gnade, Raḥma, keinen Bereich, um sich auszudrücken.

Das Leben wird im Koran als ein Test beschrieben. Es sind immerwährende Prozesse, die uns die Möglichkeit geben, unsere Ich-Beschränkungen zu überwinden, in die Tiefe unseres Seins zu kommen und uns mit der Barmherzigkeit, Weisheit und Liebe Allahs zu verbinden.

Allah bewegt uns stets zwischen Seiner Majestät und Schönheit: *„Und wir stellten sie auf die Probe, mit Gutem und mit Bösem, auf dass sie vielleicht zurückkehren."* (7:168)

Wenn wir nur in der materiellen Welt verhaftet bleiben, wenn wir unseren Stimmungen, Vorstellungen, Begierden und unserem Willen die Zügel in die Hand legen, können wir keinen Frieden finden.

Reue ist, Raum zu machen in unseren Herzen für Gottes Willen.

Es ist der Prozess weg vom Selbstmitleid, von der Opferrolle, in die uns unser verletztes Ich immer wieder hineinziehen möchte, hin zu aufrichtiger Verbundenheit mit Allah. Es ist der Weg in tiefes Vertrauen und gleichzeitiger Verantwortung.

„Ich stehe da, oh, Allah, gerüstet mit allen Fähigkeiten,
die Du mir gegeben hast, um Dich zu finden.
Öffne mein Herz, so dass ich Deine Führung und Deine Liebe,
die immer auf mich wirkt, erfahren kann.
Hilf mir, Dir zu dienen, und mich des Ungehorsams
Dir gegenüber zu enthalten.
An niemand als an Dich wende ich mein Bitten."

Es ist menschlich, dass wir Fehler machen, dass wir sündigen, wesentlich ist es, nicht darauf zu bestehen und sie als Überzeugungen zu verkaufen, weder vor uns selbst noch vor anderen.

Der Monat Ramadan ist der Monat des Segens und der Allbarmherzigkeit, der Monat der Vergebung und der Monat der reuevollen Umkehr zu Gott.

So oft wenden wir uns von Allah ab, vergessen in unserer Selbstgefälligkeit und in unserem Umhertreiben den tiefen Grund unserer Existenz, hadern, wenn wir nicht bekommen, was wir uns wünschen und vorstellen.

Wann wird jemandem von Gott vergeben, wenn nicht im gnadenvollen Monat Ramadan? Denn die guten Werke im Monat Ramadan werden angenommen und die schlechten Taten verziehen.

Tawba ist, sich auf den Weg zu machen zu Allah und den Segen zu entdecken, den Er in dich gelegt hat, für dich und die ganze Schöpfung. Finde ihn und verschenke ihn im Namen Allahs.

Übung für den Tag

Der Göttliche Name At-Tawwāb, der die Reue Annehmende, der zur Rückbesinnung Führende, ist ein Göttlicher Name, der dir hilft, zu vergeben. Wenn du fähig bist, zu vergeben, wenn du fähig bist, denen, die dir Leid oder Kränkung zugefügt haben, zu verzeihen oder zumindest teilweise zu verzeihen oder dir selbst zu verzeihen, so spürst du die Qualität dieses Göttlichen Namens in dir.

Erkenne eine begangene Ungerechtigkeit, nimm dir vor, sie nicht noch einmal zu begehen, verwende dein schlechtes Gewissen, um den Vorsatz, diesen Fehler nicht zu wiederholen, zu bekräftigen und suche nach innerer Reinheit, indem du eine Wiedergutmachung anstrebst. Lege es in Gottes Hände.

So kannst du deinen eigenen und den Leichtsinn deiner Mitmenschen verzeihen. Handle im Äußeren so, dass du das, was du bereut hast, nicht vergisst und daher nicht wiederholst, und im Inneren bleib frei von allen Vorwürfen!

Wiederhole, wann immer du dich zu sehr hast ablenken lassen von deinem Hunger, deinem Durst, deinen Wünschen und Vorstellungen: „Ya Tawwāb".

Der Prophet Yunus Dhu-n-Nun (Jonas), Friede sei mit ihm, forderte sein Volk auf, Allah alleine anzubeten und Ihm keine Teilhaber zur Seite zu stellen.

Doch sein Volk bezichtigte ihn der Lüge und wollte nicht auf ihn hören. Als er nicht mehr die notwendige Geduld aufbringen konnte, verließ er wütend sein Volk.

Bevor er die Menschen seines Volks verließ, kündigte er ihnen an, dass nach drei Tagen die Strafe Allahs über sie kommen werde. Als sie sich ihrer Haltung bewusst wurden und darüber, dass Seine Strafe kommen würde, füllten sich ihre Herzen mit Reue, tawba. Sie riefen demütig und weinend zu Allah und Allah nahm in Seiner Barmherzigkeit die Strafe von ihnen weg.

Das Volk des Propheten Yunus war das einzige Volk, das zur Gänze in den Glauben eintrat.

Der Gesandte Allahs (ﷺ) sagte: „Keiner macht das Bittgebet, welches Dhu-n-Nun gemacht hat, als er im Bauch des Fisches war, welches war:

Lā ilāha illā anta subḥānaka innī kuntu min aḏh-ḏhālimīn (21:87)

wegen irgendeiner Angelegenheit, ohne dass Allah sein Bittgebet erhört.” [14]

„Es gibt keinen Gott außer Dir! Grenzenlos bist Du in Deinem Ruhm! Wahrlich, ich habe unrecht getan.“

5. RAMADANTAG

ṢABR

GEDULD

Aisha, die Mutter der Gläubigen, berichtete, dass der Prophet (ﷺ) sagte: „Es gibt unter den Menschen solche, die von Allah nicht geliebt werden, und es sind diejenigen, die zank- und streitsüchtig sind.“ [15]

Eine andere Bezeichnung für den Monat Ramadan ist „Monat der Geduld und der Nachsicht“. Geduld ist eine Form des Fastens. Geduld ist ein Zustand der Dunkelheit, des langmütigen Wartens. Ein Gläubiger weiß, dass in dieser erteilten augenscheinlichen Dunkelheit im Inneren ein Licht heranwächst, denn Allah ist der Allgnädige, der Weise.

Der Göttliche Name Aṣ-Ṣabūr ist ein Name, der uns hilft, eine innere Entwicklung zu vollziehen und unsere inneren Werte zu pflegen und zu stärken.

Ṣabr bedeutet Geduld, umfasst aber auch Qualitäten wie Toleranz, Langmut, Versöhnlichkeit, Standhaftigkeit, Selbstbeherrschung, die Fähigkeit, durchzuhalten, zu warten, ohne den instinktiven Wunsch, negativ zu denken oder zu reagieren. Denn ṣabr führt dich zum Wesentlichen, führt dich zu deiner Schönheit und zu Dem, Der die Schönheit erschaffen hat.

„Allah ist Schönheit und liebt die Schönheit",[16] sagt der Prophet Muhammad (ﷺ).

Nichts verlängert das Leben mehr als Geduld, und Geduld macht schön, denn Geduld ist rein, und daher reinigt sie alle Dinge.

Das stets eilige, ungeduldige Ich erfährt durch Geduld und der Wiederholung des Göttlichen Namens Aṣ-Ṣabūr eine Weite und Weitsicht, eine Stille und Ruhe, die uns erlauben, in die Tiefe unseres Seins zu kommen und den Raum des Vertrauens in Allah, in Seine Güte und Weisheit zu erfahren.

Geduld, ṣabr, hilft, vom Verhaften im Offensichtlichen in die tieferen Ebenen zu kommen, es hilft uns, den Göttlichen Segen, den wir vielleicht im Moment nicht erkennen können, trotzdem darin zu verspüren.

Sagt uns nicht Allah: *„Es mag wohl sein, dass ihr eine Sache hasst, indessen sie gut für euch ist, und es mag wohl sein, dass ihr eine Sache liebt, indessen sie schlecht für euch ist. Und Gott weiß, während ihr nicht wisst."* (2:216)

Geduld weitet auch unser Verständnis, dass das Leben im ständigen Wandel ist, dass nichts gleichbleibt, im Guten wie im Schweren: Die Jahreszeiten kommen und gehen, die Straßenbilder verwandeln sich stets, unsere Gefühle, unsere Zustände und Konstellationen, unser Verständnis und unsere Auffassungen, unsere Beziehungen und Freundschaften.

„Vielleicht stiftet Allah ja Liebe zwischen euch und zwischen denen, die euch (jetzt) feindselig gesinnt sind." (60:7)

Dieses Wissen, dass alles, was kommt, auch vergeht, die Erfahrung der Vergänglichkeit, das Erleben der nicht bestehenden Beständigkeit ist für das Ich, das Nafs, nicht leicht. Denn das Ich möchte Stabilität und Sicherheit, Unveränderlichkeit und planende Voraussicht. So glaubt das Ich, sich schützen zu können und sich eine bessere Zukunft zu sichern.

Die Seele aber weiß: *„Jeder, der auf ihr (der Erde) weilt, wird bestimmt vergehen."* (55:26). Aber sie weiß auch: *„Aber für immer bleibt die Realität Deines Herrn, des Herren der Majestät und des Ruhms."* (55:27)

Unser geliebter Prophet (ﷺ) legte uns stets nahe, den ausgeglichenen Mittelweg in unserer inneren Haltung einzunehmen.

In Gott Geduld zu haben, ist Treue. Er schenkt uns Geduld und hilft uns, in Höhen und Tiefen des Lebens, in den tiefen Brunnen der Einsamkeiten und in den Wechselwinden der Zweifel und Ängste, uns stets treu zu bleiben.

„Und jedem, der sich Gottes bewusst ist, gewährt Er (immer) einen Ausweg (aus Unglückseligkeit) und versorgt ihn auf eine Weise jenseits aller Erwartungen. Und jedem, der sein Vertrauen auf Gott setzt, genügt Er (allein). Wahrlich, Gott wird Seine Absicht erfüllen, fürwahr, Gott hat für alles (eine Frist und) Maß bestimmt." (65:2-3)

Wenn wir beginnen zu verstehen und zu erfahren, dass Allah immer nur das Bessere für uns will, können wir zuversichtliche, hoffnungsvolle Geduld aufbringen, die uns zur Dankbarkeit führt.

Das Bittere und das Süße, das Schwere und das Leichte, das Trennende und das Einende werden alles Zustände, die ich in Liebe zu Ihm halten kann, wissend um Seine Liebe zu mir.

Die Geduld ist die Frucht der Milde. Je größer die Milde des Herzens, desto größer die Geduld. Gottes Geduld zeigt sich darin, dass Er trotz des ewigen Ungehorsams des Menschen, Er ihm immer wieder Seine Leitung anbietet.

Al-Amin (ﷺ) sagte: „Wer immer sich für die Geduld entscheidet, Allah wird jenen darin unterstützen. Niemand wurde je etwas Besseres und Weitreichenderes gegeben als Geduld." [17]

Hilf, geduldig und kreativ-schöpferisch die Energie der Liebe auf diese Erde zu bringen. Dann können wir wiedergutmachen, was durch unseren Materialismus und unsere Gier in Disharmonie gebracht wurde.

„Oh, Allah, ich war oft sehr ungeduldig und wütend
in meinem Verhalten, bitte gib mir Geduld und hilf mir,
meine Wut um Deinetwillen zu zügeln."

Wenn wir fasten, müssen wir uns unseren Schwächen, den Stimmen der Versuchung und unserer Sucht nach dieser Welt stellen. Die Ramadan-Askese hilft, die Herrschaft des Egos zu schwächen und so die Willenskraft zu verstärken, aber auch, unser Lebensziel und unseren Seelenweg zu bekräftigen.

Hab Geduld, ṣabr!

„Und sucht Hilfe in standhafter Geduld und im Gebet. Siehe, es ist wahrlich schwer, außer für die Demütigen." (2:45)

Übung für den Tag

يا صبور

Yā Ṣabūr

Bleibe heute mit dem Göttlichen Namen Aṣ-Ṣabūr.

Wiederhole immer wieder, wenn du nervös wirst, ungeduldig, wenn du genervt wirst und die Zeit und Dinge nicht so laufen, wie du es möchtest und es dir erwünschst: „Yā Ṣabūr."

Umhülle dich mit dem Mantel der Schönheit, gewebt aus Geduld und Zuversicht.

Möge dieser Name dich vom Exil des Ichs, des Nafs, in die Heimat deiner Seele führen.

Ya ṣabr Ayyub!

Oh, (schenke mir) die Geduld Ayyubs!

Im Koran personifiziert der Prophet Ayyub (Hiob), Friede sei mit ihm, die höchste Tugend der Geduld in Widrigkeit. Der Prophet Ayyub lebte mit seiner Frau in Syrien. Er war ein sehr wohlhabender Mann, der gütig und großzügig mit seinen Mitmenschen umging. Auch seine Frau war eine dankbare, gutherzige Frau. Dann begann sein schweres Schicksal. All seine Kinder, seine ganze Familie, bis auf seine Frau, starben, er verlor all seine Besitztümer und erkrankte schwer. Alle Teile seines Körpers wurden befallen bis auf sein Herz und seine Zunge, mit denen er weiterhin Allah pries und geduldig anbetete. Die Menschen zogen sich von ihm zurück, sodass nur mehr seine Ehefrau blieb. Sie diente in verschiedenen Häusern und ernährte so beide. Je mehr ihm Allah Prüfungen und Beschwerden sandte, desto mehr blieb er im Preisen und Danken: *„Wahrlich, Wir fanden ihn voller Geduld in Widrigkeit: was für ein vortrefflicher Diener, der sich immer zu Uns zu wenden pflegte."* (38:44) 18 Jahre lang weilte diese schwere Zeit und seine Frau unterstützte Ayyub und blieb treu an seiner Seite.

Nach all diesem Leid bat Ayyub Allah, ihn von dieser Schwere zu befreien: *„Heimsuchung hat mich getroffen, aber Du bist der Barmherzigste der Barmherzigen."* (21:83)

Allah erhörte sein Bittgebet und sprach: *„Schlage mit deinem Fuß (auf den Boden): hier ist kühles Wasser zum Waschen und zum Trinken."* (38:42)

Ayyub trank davon und wurde von seinen Krankheiten geheilt und Allah schenkte ihm wieder Kinder und Besitz, noch mehr, als er zuvor gehabt hatte.

6. RAMADANTAG

DU'Ā`

BITTGEBETE

„Und wenn Meine Diener dich nach Mir fragen, siehe, Ich bin nahe, Ich erhöre den Ruf (Bittgebet) dessen, der ruft, wann immer er zu Mir ruft, so sollen sie denn auf Mich hören und an Mich glauben, auf dass sie dem rechten Weg folgen mögen." (2:186)

Allah ist Al-Muǧīb, der Erhörende, der Antwortende, der Erwidernde. Der große Meister Al-Ghazali (1055 - 1111) erklärt den Namen Al-Muǧīb folgendermaßen: „Derjenige, der sich beeilt, die Bitten Seiner Geschöpfe zu erhören, noch bevor sie geformt worden sind."

Trage in deinem Herzen das Wissen, dass deine Bitten erhört werden und dass dies zum richtigen Zeitpunkt und in der für dich richtigen Art geschieht. Habe Vertrauen, Geduld und Ausdauer, denn nichts kann geschehen, wenn der rechte Zeitpunkt für dich noch nicht da ist.

Manchmal beten und bitten wir leidenschaftlich um etwas, und etwas anderes trifft ein. Gott gibt immer eine Antwort, doch die Antwort wird vielleicht nicht die Antwort sein, die wir erwarten, nichtsdestoweniger beinhaltet sie die Botschaft, welche wir in unserem Gebet gesendet haben.

Gott ist grenzenlos und wir sind Lebewesen der Begrenztheit. Dies ist genau unsere Rolle: Wir können unsere Bedürftigkeit, unsere Abhängigkeit, unsere Anlehnung hinhalten, das ist unsere kostbarste Gabe. Wir können im hingebungsvollen Vertrauen unsere tiefsten Bedürfnisse vortragen, im Vertrauen darauf, dass die Antwort, die darin enthalten ist, immer die Beste und Wertvollste ist.

Manche Gläubigen sagen, dass sie niemals irgendetwas von Gott erbitten dürften. Andere wiederum sagen: „Warum sollte ich mich Gott aufdrängen mit einer scheinbar unbedeutenden Angelegenheit?" Dann gibt es jene, die sagen, dass Gott Allwissend und Allmächtig ist: „Er weiß bereits, was ich will, wenn es also nicht erfüllt wird, muss es dafür einen Grund geben, den ich nicht kenne."

Sich bittend zu Allah zu wenden, heißt, dem Göttlichen Licht in die dunklen, verwirrten Sphären unseres Ichs Einlass zu gewähren, sodass Helligkeit uns umgibt und wir erkennen, worum wir eigentlich bitten. Damit beginnen wir, die Antworten, die stets da sind, zu sehen.

Es ist der Akt des Bittens und Betens, der uns zu dem macht, was wir werden müssen, der uns für das Göttliche öffnet. Indem wir den Raum zwischen dem isolierten Ich und dem Göttlichen durchschreiten, was wir Menschen nur durch die Öffnung unseres Herzens erreichen, treffen sich Bitte und Antwort.

Nicht zu wissen, wann, wo und wie die Antwort kommt, schützt uns vor unserer eigenen beschränkten Vorstellung. Doch im Herzen zu wissen, dass sie kommt, macht uns zu Liebenden.

Allah hat zwei Dinge in unsere Herzen gelegt: Sehnsucht und Hilfesuche. Und Er ruft uns zu sich, indem er Bedürftigkeit und Armut in uns anregt, so dass wir uns zu Ihm hin öffnen und wahrlich Allahs Worte verstehen: *„Wir sind ihm näher als seine Halsschlagader, warīd."* (50:16)

Halsschlagader, warīd, kommt von der Wurzel w-r-d und bedeutet: „einem zufließen".

Allah schenkt uns Alles, was im Leben für uns von Nutzen ist, an Luft, an Nahrung, jeden Ertrag, jede Lebensgrundlage.

In keiner Zeit merken wir, wie schnell wir schwach und bedürftig werden, wie in Ramadan. Ein paar Stunden ohne Nahrung und Flüssigkeit und schon haben wir schon viel weniger Kraft und Konzentration, werden langsam, empfindsam und dünnhäutig.

In diesem offenen Zustand, in dem wir von unserem inneren Befinden hin und her gezerrt werden, zwischen der Sehnsucht nach Hingabe und dem ständigen Blicken auf die Uhr, hoffend, dass das Fasten, der innere Kampf, endlich Ruhe gibt, ruft uns Allah und sagt:

„Wir sind es, die den Menschen erschaffen haben, und Wir wissen, was sein innerstes Selbst in ihm flüstert." (50:16)

Allah kennt unseren Kampf, kennt den Kampf des Egos und Er sagt uns in Seiner unendlichen Liebe: Ich bin da. Egal, in welchem Zustand du bist, egal, wie oft du gescheitert bist, egal, wie sehr du glaubst, unwürdig zu sein, Ich bin immer da für dich! Wende dich mit all deinen Schwierigkeiten, deinen Schwächen, deinen Wünschen an Mich.

Unser Bittgebet ist nicht wirklich da, dass unsere Wünsche erfüllt werden, sondern vielmehr, dass unser menschlicher Wille sich wandelt, um sich so mit dem Göttlichen Willen zu vereinigen.

Wenn wir unser Herz und unsere Hände immer wieder im Vertrauen und in Hingabe öffnen und uns durchfluten lassen, dann beginnen wir Allahs liebende Fürsorge zu erfahren und das Geschick, das für uns bestimmt ist, als eigene Wahl anzunehmen.

„Sprich: ‚Mein Gebet und meine Opferung und mein Leben und mein Tod gehören Allah, dem Herrn der Welten. Er hat niemanden neben Sich. Und so ist es mir geboten worden, und ich bin der erste der Gottergebenen'. Sprich: ‚Sollte ich einen anderen Herrn als Allah suchen, wo Er doch der Herr aller Dinge ist?'" (6:162-164)

Finde deine Aufgabe in dieser Welt und erfülle sie bestmöglich und bitte Allah um Hilfe. Öffne im Gebet deine Hände, sodass der Segen hineinfallen kann und du ihn auffangen kannst. Und sei offen. Das ist alles, was du tun sollst.

Denn der Sinn unserer Existenz ist, Allah näherzukommen, Ihn zu lieben und letztlich anzubeten.

Übung für den Tag

Begleite deinen Tag mit: „Yā Samī' – Yā Ḥamīd."

Im Gebet sagt man:

سمع الله لمن حمده

sami'a llāhu liman ḥamidāhu

„Allah erhört die Preisung des Preisenden", im Sinne von „Er akzeptiert sie", denn wer erhört, akzeptiert.

Wusstest du

„Und Ich habe die Dschinn und Menschen nicht zu einem anderen Zweck erschaffen, als dass sie Mich (erkennen und) anbeten mögen." (51:56).

Li-ya'budūn: „um Mich anzubeten", kommt von der Grundwurzel `-b-d, was auch „einen Weg betretbar machen, einen Weg ebnen und leicht begehbar machen" bedeutet.

Allah macht uns den Weg zu Ihm leicht. Er hilft und erleichtert uns den Weg zu Ihm, in der Erkenntnis, ma'rifa, Seiner Existenz, in der bewussten Bereitwilligkeit, unsere Existenz in Einklang zu bringen mit Seinem Willen und Seinem Plan.

Der Gesandte Allahs (ﷺ) sagte: „Eines der Bittgebete des Propheten Dawud (David), Friede sei mit ihm, war:

اللهم إني أسألك حبك، وحب من يحبك، والعمل الذي يبلغني حبك، اللهم اجعل حبك أحب إلي من نفسي، وأهلي، ومن الماء البارد

Allahumma innī as‘aluka ḥubbaka, wa ḥubba man yuḥibbuka, wa-l-‘amala lla_di yuballiġunī ḥubbaka. Allahumma iǧ‘al ḥubbaka aḥabba ilayya min nafsī, wa ahlī wa min al-mā‘i l-bāridi.

„Oh, Allah! Ich bitte dich um Deine Liebe und die Liebe derer, die Dich lieben, und um Taten, durch die ich Deine Liebe erlange. Oh, Allah! Mach Deine Liebe mir lieber als mein eigenes Selbst, meine Familie und das kühlende Wasser.“ [18]

رَبَّنَآ ءَاتِنَا فِى ٱلدُّنْيَا حَسَنَةً وَفِى الآخرة حَسَنَةً وَقِنَا عَذَابَ ٱلنَّارِ

allahumma rabbanā ātinā fi d-dunya ḥasana wa fi-l-āẖira ḥasana wa qinā ‘a_dāba n-nāri

Die häufigste Anrufung des Propheten (ﷺ) war: „Oh, Allah! Gib uns in der Welt das Gute und im Jenseits das Gute und rette uns vor der Qual des Höllenfeuers.“ [19]

7. RAMADANTAG

DHIKR

ERINNERN

Der Prophet (ﷺ) sagte: „Wenn ihr an den Gärten des Paradieses vorbeikommt, dann genießt die Fülle.“ Sie fragten: „Und was sind die Gärten des Paradieses?“ Er antwortete: „Die Zusammenkünfte des dhikrs, des Gedenkens.“[20]

Dhikr bedeutet in seiner Essenz, die Wünsche, Forderungen und Vorstellungen unseres Ichs, unseres Nafs, aufzugeben und mit Gott zu sein. Es ist, die Schnur, ḥabl, zwischen uns und Allah stets im Herzen zu halten: *„Und haltet fest, alle zusammen, an der Verbundenheit (Schnur) mit Gott.“* (3:103).

Durch dhikr sind wir fähig, die Fundamente, die uns von unserem wahren Selbst trennen, zu erschüttern und unsere Isolation zu überwinden, in der uns unser Nafs immer wieder glauben lassen möchte, dass dies die Wirklichkeit ist.

Dhikr gibt uns Kraft und Schutz und gleichzeitig erweicht es unser Herz, so dass wir „wie Wolle in den Händen Gottes“ werden. Dhikr erlaubt uns, aus dem Bereich der Isolation in den allumfassenden Raum der Liebe und des Friedens einzutreten.

„Und das Gedenken (dhikr) Allahs ist fürwahr das größte Gute“ (29:45), sagt uns Allah im Koran und unser geliebter Prophet (ﷺ)

sagt, dass das Reinste bei Allah, das, was uns am meisten erhöht, das Gedenken Allahs, des Erhabenen, ist. [21]

Durch das Fasten wird unser Körper geschwächt und dadurch lässt die Herrschaft bzw. Kontrolle des Egos, des Nafs, nach und wir haben die Möglichkeit, einen tieferen Einblick in uns selbst zu bekommen. Das Ego hindert uns daran, unser wahres Selbst zu erfahren, das unsere Wesenseinheit, Harmonie und Zufriedenheit mit Allah ist.

Durch das Fasten wird unser glänzender Palast, den wir uns mühevoll aufgebaut haben, erschüttert. In gewisser Weise werden wir durch das Fasten zu einer Ruine.

Doch eine Ruine ist dem Licht, vor allem dem Licht der Demut, viel mehr ausgesetzt als der Palast. In unserer Schwäche spüren wir unsere tiefe Abhängigkeit von Allah und Seine große Liebe für uns. In dieser Schwäche spüren wir Allahs Segen. Welch Freiheit und tiefe Freude kommen da auf!

„Ich bin nicht allein, ich bin nicht isoliert. Ich bin kein Blatt im Wind,
das willkürlich von den Winden des Lebens bewegt wird.
Ich habe Wurzeln, verwurzelt in der Allmacht, Kraft
und Liebe Allahs. Ich ergebe mich und übergebe mich
Deiner unendlichen Weisheit und Gerechtigkeit.“

Dann beginnt die tiefe, ehrfürchtige Erinnerung, dhikr: *„Und besinne dich (dhikr) deines Erhalters demütig und mit Ehrfurcht und ohne deine Stimme zu erheben, am Morgen und am Abend, und gestatte dir nicht, achtlos zu sein (ġafla).“* (7:205)

Durch den dhikr wird der seelische Teil in uns gestärkt und breitet seine Kraft über den Verstand in den Körper aus.

Durch das Fasten und den dhikr versteht das Nafs, dass es nicht auf dieser Welt ist, um isoliert auf sich gestellt zu herrschen, sondern das Nafs beginnt, sich dem Licht der Seele hinzuwenden und der Seele zu dienen.

Die Seele, die immer weiß, dass sie nur Allah gehört.

Das Gegenteil von dhikr ist ġafla: Ġafla ist der Schlummer des Vergessens. Allah in Seiner Liebe und Barmherzigkeit zeigt uns, was dies mit uns tut: *„Und seid nicht wie jene, die Gott vergessen, und die Er deshalb vergessen lässt (was gut ist für) sie selbst.“* (59:19)

In unserem Leben kennen wir alle die Vergesslichkeit und manche von uns sind sehr tadelnd, fast grausam im inneren Dialog, wenn sie in die ġafla gefallen sind oder sich in anderen Schwächen verfangen.

Hole dich aus diesem Tadeln heraus, indem du gleich deine Schwächen Allah hinhältst mit den Worten „astaghfirullah“ und „alhamdulillah“!

Astaghfirullah, ich suche Zuflucht und Vergebung bei Dir, von all meinen Schwächen, meinen Unachtsamkeiten, meinen ġaflas.

Alhamdulillah, ewig gepriesen bist Du, für die ewige Gnade, Güte, die Du mir immer gibst.

Und gemeinsam: astaghfirullah und alhamdulillah für all die Zustände und Möglichkeiten, die Du mir, Allah, in Deiner Güte stets gibst, um Dir näherzukommen.

Bleib im dhikr, im Erinnern deines Herzens. Lehre deinen Verstand durch den dhikr, durch dein Vertrauen und deine Dankbarkeit, sich von den negativen, immer zweifelnden und mitleidsvollen Interpretationen zu befreien und sich für Allahs Licht und Liebe zu öffnen.

Der dhikr ist ein innerer Akt der Hingabe, im Äußeren drückt er sich im aktiven Beteiligen am Aufbau dieser Welt aus:

„Die Allahs gedenken, wenn sie stehen und wenn sie sitzen und wenn sie sich niederlegen, um zu schlafen, und nachdenken über die Schöpfung der Himmel und der Erde.“ (3:191)

Der Mensch hat in sich sowohl die Neigung zum Guten wie zum Schlechten, doch unseren inneren Frieden finden wir nur in der Nähe Gottes und in Seinem Gedenken, denn die wahre Natur des Menschen kennt Gott.

Doch das Schönste am dhikr ist, dass Allah uns sagt, dass, wenn wir Ihn gedenken, Er unser gedenkt: *„So gedenkt Meiner, und ich werde euer gedenken, und seid Mir dankbar und leugnet Mich nicht."* (2:152)

„Möge unser Fasten vom dhikr genährt werden."

Übung für den Tag

استغفر الله و الحمد لله

astaġfiru llāh wa-l-ḥamdu li-llāh

astaġfiru llāh, ich suche Zuflucht und Vergebung bei Dir, von all meinen Schwächen, meinen Unachtsamkeiten, meinen ġaflas.

al-ḥamdu li-llāh, ewig gepriesen bist Du, für die ewige Gnade, Güte, die Du mir immer gibst.

Wusstest du

Zu Beginn des Islams wurde die heute bekannte Gebetskette (arabisch masbaḥa, türkisch, persisch subha) noch nicht verwendet. Die Gläubigen verwendeten beim Sprechen und Zählen von Gebetsformeln entweder kleine Steine oder zählten mit den Fingern.

Der erste Kalif Abu Bakr As-Siddiq war der erste, der eine Art masbaḥa verwendete, indem er ein Seil mit Knoten benutzte.

Die Gebetskette, die wir heute kennen, wurde von Junaid Al-Baghdadi (gestorben 910) eingeführt, einer der wichtigsten Autoritäten des Sufismus, um seinen Schülern einerseits ein ständiges Erinnerungswerkzeug in die Hand zu geben und andererseits, um beim langen Wiederholen Halt und Orientierung zu haben.

8. RAMADANTAG

KARAM

GROSSZÜGIGKEIT

Der Prophet (ﷺ) sagte: „Mein Diener nähert sich Mir nicht mit etwas, das Ich mehr liebe, als das, was Ich ihm als Pflicht auferlegte. Und Mein Diener fährt fort, sich Mir durch die Nawafil [22] zu nähern, bis Ich ihn liebe. Und wenn Ich ihn liebe, bin Ich sein Hören, mit dem er hört, sein Sehen, mit dem er sieht, seine Hand, mit der er zupackt, sein Fuß, mit dem er schreitet. Wenn er Mich um etwas bittet, werde Ich es ihm gewiss erfüllen, und wenn er bei Mir Zuflucht sucht, werde Ich ihm gewiss Zuflucht gewähren.“ [23]

Großzügigkeit war eine der unzählbaren hervorragenden Eigenschaften des Propheten Muhammad (ﷺ). Er war der großzügigste der Menschen und im Monat Ramadan pflegte er am großzügigsten zu sein. Er war wie ein unhaltbarer Wind der Barmherzigkeit, der alle Menschen umfasste, seien diese arm und bedürftig oder reich und wohlhabend.

Der Monat Ramadan ist die Zeit der Großzügigkeit. Großzügigkeit und auch Gelassenheit sind zwei Qualitäten, die wie zwei wundervolle Bäume sind, deren Wurzel Hingabe, tawakkul, und deren Erde Glaube, imān, ist.

Großzügigkeit umhüllt uns, wenn die tief berührende Erkenntnis aus dem Herzen wächst, dass alles, was wir haben, alles, was uns umgibt, was immer unsere Augen erblicken, unsere Ohren hören, all die Düfte, die uns umhüllen, alles, was wir kosten und berühren, alles, was wir sind, ein Geschenk und ein Segen von Allah ist. Es ist, mit dem Satz im Herzen durch das Leben zu gehen: *„Wir gehören Allah und zu Ihm kehren wir zurück."* (2:156)

Ein Mensch, der meint, alles, was er hat, gehöre ausschließlich ihm und ist nur durch seine Bemühungen entstanden, wird nur schwerlich großzügig sein können. Doch wenn wir uns bewusstwerden, dass alles Allah gehört, dass wir lediglich als Verwalterinnen und Verwalter eingesetzt werden, wird es uns nicht schwerfallen, freigiebig zu sein.

Und Allah ruft uns dazu auf und bestärkt uns mit Seinen Worten: *„Siehe, mein Herr versorgt von seinen Dienern, wen er will, im Überfluss oder in Maßen, und was immer es sei, dass ihr für andere ausgebt, Er ersetzt es (immer)."* (34:39)

Imam Al-Ghazali (1055 - 1111) erklärt Großzügigkeit folgendermaßen: „Geiz ist das Ergebnis der Verbundenheit zum Diesseits; Großzügigkeit dahingegen ist die Frucht der Abwendung vom Diesseits." Imam Ghazali ist sogar soweit gegangen, dass er den Ursprung von Geiz im Polytheismus, širk, gesehen hat.

Wenn wir uns immer bewusst sind, dass wir Ihm gehören und dass alles von Allah kommt, wenn wir uns dem Geber, aber auch dem Nehmer hingeben im Vertrauen und um Seiner Liebe, Fürsorge und Allmacht wissend, dann können wir unsere Herzen, unseren Geist in Großzügigkeit öffnen und auch unsere Hände.

Großzügigkeit zeigt sich in der Nachsicht gegenüber den Menschen, sie zeigt sich in Selbstbeherrschung, im Vortritt geben, wenn es jemand eilig hat, es zeigt sich im Lächeln auch jenen gegenüber, die es nicht wirklich verdienen, es zeigt sich in Toleranz gegenüber anderen Sichtweisen und Überzeugungen, es zeigt sich in Langmut und im

Zuhören, es zeigt sich im nachhaltigen, bewahrenden und achtsamen Umgang mit der Natur.

Großzügigkeit erhebt uns über die emotionalen Verstrickungen und hilft uns, mit Gottes Hilfe frei zu agieren:

„Und wer könnte besser an Rede sein, als wer (seine Mitmenschen) zu Gott ruft und tut, was gerecht und recht ist, und sagt: ‚Ich bin von jenen, die sich Gott ergeben haben'? Die gute und die üble Tat sind nicht gleichzusetzen, entgegne du mit etwas, was besser ist – und siehe! Der, zwischen dem und dir Feindschaft war, (mag dann) ein wahrer Freund werden." (41:33-34)

Mit der Großzügigkeit ist der Weg zu Weisheit und Erkenntnis gepflastert.

Großzügigkeit ist eine Qualität, die unsere Sichtweise weitet. Sie schenkt uns ein tiefes Verständnis der Verbundenheit der beiden Welten: das Diesseits und das Jenseits, und sie nimmt uns die Furcht vor Armut und Verlust. Sie hilft uns, unser Verhaftet-Sein an die Welt zu lockern und die Welt in Freiheit zu durchschreiten.

Großzügige Menschen sind der Barmherzigkeit Gottes nahe, denn Großzügigkeit nährt sich am Herzenswissen um die Gnade und Barmherzigkeit Allahs.

Unser geliebter Prophet (ﷺ) erklärte uns dies folgendermaßen: „Wer einem Gläubigen einen weltlichen Kummer zerstreut, dem zerstreut Allah einen Kummer am Tag der Auferstehung. Wer einem Verarmten Erleichterung gewährt, dem erleichtert Allah seine Sachen im Dies- und Jenseits, wer die Mängel (Blößen) eines Muslims bedeckt, dem bedeckt Allah seine Mängel im Diesseits und Jenseits, und Allah unterstützt den Menschen, solange der Mensch seinen Mitmenschen unterstützt."[24]

Wenn wir über die Tiefe dieser Worte nachdenken und von den Gaben Gottes geben, als würden wir direkt dafür entlohnt werden, werden wir zu den großzügigen Menschen gezählt werden, inshallah, so Gott will.

„Und spendet nicht, es sei denn aus Verlangen nach Allahs Angesicht. Und was ihr an Gutem spendet, soll euch erstattet werden. Und euch soll kein Unrecht geschehen.“ (2:272)

Allah möchte Seinen Segen an uns sehen: *„[...] und von den Segnungen deines Herrn sollst du (immer) sprechen.“* (93:11)

Eines Tages kam ein Mann in schäbiger Kleidung zum Propheten (ﷺ). Der Prophet (ﷺ) fragte ihn: „Hast du Reichtum?“

Er antwortete: „Ja, alle Arten von Reichtum.“

Er (ﷺ) sagte: „Welche Arten von Reichtum?“

Er sagte: „Allah hat mir Kamele, Rinder, Schafe, Pferde und Sklaven gegeben.“

Er (ﷺ) sagte: „Wenn Allah dir Reichtum gegeben hat, dann lass die Wirkung von Allahs Segen und Großzügigkeit an dir sehen.“[25]

Großzügigkeit und Mildtätigkeit sind Mittel zur Läuterung der eigenen Seele und zur Annäherung an Allah und der Islam legt großen Wert auf diese Qualitäten.

Übung für den Tag

Wenn du wütend wirst, wenn du aus deiner Mitte geworfen wirst, dann wiederhole folgendes:

أعوذ بالله من الشيطان الرجيم

A'udu bil-llāhi min š-šayṭān ar-rağīm

„Ich suche Zuflucht bei Allah von den (Einflüsterungen) des gesteinigten Shaytan."

Dann mache die rituelle Waschung wuḍū`, weil Wasser die Nerven beruhigt und abkühlt.

Wechsle auch deine Position: Wenn du stehst, setze dich, wenn du sitzt, lege dich hin.

Wusstest du

Qais ibn Sa'd der Großzügige:

Qais ibn Sa'd wurde zur Zeit des Propheten (ﷺ) in Medina geboren. Er wuchs in einer für ihre Großzügigkeit und Rechtschaffenheit bekannten Familie auf.

Sein Vater war der Gefährte Sa'd ibn Ubada, der Anführer des Stammes Al-Chazradsch.

Ein vorislamischer arabischer Brauch war, dass wohlhabende Leute einen Ausrufer engagierten, der tagsüber auf einem erhöhten Platz stand, um die Reisenden und Bedürftigen anzurufen, ob sie kommen möchten, um zu essen und sich auszuruhen. Nachts zündeten die

Ausrufer ein Feuer an, um Fremden die Orte aufzuzeigen, an denen Essen serviert wurde. Menschen im vorislamischen Arabien würden sagen:

„Wer fettes Fleisch mag, muss zu Dulaym gehen.“ Dulaym war Qais Urgroßvater. Sogar der Prophet (ﷺ) lobte die Großzügigkeit dieser Familie. Qais wurde schon von seiner Kindheit an zu Tapferkeit und Großzügigkeit erzogen, bis er darin vorbildhaft war. Er war fürwahr für seine Klugheit, seine List, seine Intelligenz, seinen Mut und seine Kühnheit bekannt, und er pflegte von sich selbst zu sagen: „Wenn ich den Gesandten Allahs (ﷺ) nicht hätte sagen hören: ‚Listige Menschen und Betrüger befinden sich im Höllenfeuer‘, dann wäre ich der listigste Mann der Gemeinschaft.“

Qais war ständig in der Nähe des Propheten (ﷺ), sodass Anas von ihm sagte: „Qais ibn Sa‘d war für den Propheten (ﷺ) wie ein Offizier gegenüber seinem Kommandanten.“ [26]

Doch Qais Großzügigkeit übertraf sogar seine Klugheit und manche befürchteten Armut für ihn, wenn er sich nicht etwas zügelte. Um Qais Großzügigkeit zu verdeutlichen: Qais lieh einer verschuldeten Person einen großen Geldbetrag. Als die Zeit der Rückzahlung kam, kam der Mann, um das Geld zurückzuzahlen. Doch Qais weigerte sich, das Geld zurückzunehmen und erklärte: „Ich nehme nie etwas zurück, was ich gegeben habe!“

Qais hatten alle Merkmale eines Führers mit Ausnahme eines traditionellen arabischen Bartes. Dafür wurde er von den anderen Gefährten geneckt, indem sie sagten: „Wenn wir ihm nur einen Bart kaufen könnten.“ [27]

9. RAMADANTAG

ŠUKR

DANKBARKEIT

„Wenn ihr (Mir) dankbar seid, werde Ich euch ganz gewiss mehr und mehr geben.“ (14:7)

Gottes Liebe erfahren wir auf eine tiefe, berührende Weise, wenn Allah durch Seine Gnade Dankbarkeit in unsere Herzen legt und Er unser Lob für Ihn inspiriert. Halte dein Herz offen, in Zuwendung, in taqwa, Seiner Nähe bewusst.

Dankbarkeit, šukr, öffnet einen Raum in unserem Herzen, der uns erfahren lässt, dass Allah uns stets durch Seine Liebe zu sich zieht.

Dankbarkeit ist eine Heilung des Herzens, es ist eine klare Hinwendung an den Geber aller Gaben, doch so vieles nehmen wir als selbstverständlich hin und oft erkennen wir unsere Segen erst, wenn sie vergehen:

„Er versieht euch mit Gehör und Augenlicht und Gefühlen wie auch Geist, doch wie selten seid ihr dankbar.“ (32:9)

Allah zeigt uns im Koran, wie Luqman der Weise sein Kind für das Leben hier auf Erden vorbereitet, indem er sagt:

„Sei Gott dankbar, denn wer (Ihm) dankbar ist, der ist zu seinem eigenen Wohl dankbar, während der, der es wählt, undankbar zu sein

(wissen sollte, dass), wahrlich, Allah selbstgenügend, immer preiswürdig ist.“ (31:12)

Dankbarkeit ist eine Kraft, die uns dient. Allah braucht unsere Dankbarkeit nicht. Es ist unser demütiges Geschenk an Jenen, der uns alles gibt und nichts braucht.

Es ist die Dankbarkeit, die uns hilft, unsere Masken des Hochmutes, der Arroganz und der eingebildeten Selbstgefälligkeit abzulegen.

Der Monat Ramadan ist da, um diese Dankbarkeit im Herzen auszubreiten, denn Er hat uns in diesem Monat den Koran als Führung gesandt.

Es ist vor allem in diesem Monat, dass Allah uns einen Rahmen gibt, in dem wir wieder Gleichgewicht zwischen Materialismus und Spiritualität in unser Leben bringen können und die Fesseln der Welt lockern. Nichts schafft dies so sehr wie der Abstand von allem Äußeren und das Öffnen des Herzens für die Dankbarkeit.

Dankbarkeit macht reich, denn man beginnt zu schätzen, was man hat und kann, und man erfährt auch den Segen darin.

Durch die Enthaltsamkeit im Monat Ramadan lernen wir auch, die Gaben im Leben mehr zu schätzen, die wir allzu oft als selbstverständlich hinnehmen oder für die wir sonst keinen Dank im Herzen aufbringen, wie das Wasser im Moment des Fastenbrechens, für die Dattel, für das Brot nach dem Durst und dem Hunger.

Dankbarkeit ist kein Gefühl, sondern eine Haltung. Dankbar zu sein, wenn wir bekommen, was wir wollen, ist nicht wirklich Dankbarkeit. Es ist, nicht nur die Wandlung vom halbleeren Glas zum halbvollen, sondern die Weisheit hinter dem leeren auch zu erfahren.

Wahre Dankbarkeit kann nur im Herzen und im Geiste entstehen, wenn wir Vertrauen in Allah haben, das, was immer kommt, von Jenem kommt, der in Liebe, Weisheit und Güte alles plant.

So vieles in unserem Leben verstehen wir nicht gleich, wir zweifeln und verzweifeln manchmal an dem, was uns nicht gegeben oder weggenommen wird.

Vor allem während der Fastenzeit, in der wir uns von sonst erlaubten Dingen enthalten, in der unser Leben plötzlich einen ganz anderen Rhythmus und eine ganz andere Ausrichtung bekommt, entwickeln wir die Kraft und Gewissheit, dass Schwierigkeiten nicht nur negativ zu sehen sind.

Solche Erfahrungen sind notwendig, damit wir daran wachsen und reifen können. Dankbarkeit kann uns helfen, leichter mit diesen Situationen fertig zu werden, sie kann unsere Sichtweise verändern und uns verwandeln.

Durch Glauben und Dank kann also auch das Schwere ins Positive verwandelt werden.

Dankbarkeit und Geduld ist Glaube an Allah, ist Hingabe und Vertrauen. Es ist das Sehen der Segen, auch wenn wir sie nicht oder noch nicht verstehen. Es ist ein stiller, ruhiger Frieden, der weiß, dass Allah uns nur aus Liebe prüft und unsere Herzen hin- und herbewegt, bis wir jenseits von allen äußeren Gegebenheiten und Ablenkungen immer „nach Hause" finden.

Bis unsere Dankbarkeit nicht mehr von unseren äußeren Umständen abhängt, die sich ständig ändern, sondern von Gott, Der unveränderlich und ewig ist.

Das Schönste an der Dankbarkeit, šukr, ist, dass sie die Last der Unzufriedenheit von unserem Herzen nimmt.

Zu wissen, dass unsere Dankbarkeit gegenüber Gott schon Dankbarkeit erfordert, denn Er ist es, der sie inspiriert, und zu wissen, dass Er die absolute Quelle unserer Existenz ist, und dass Er der Ewig-Gebende ist, vertieft unser Verständnis für unsere Verbundenheit zu Ihm, Die Erkenntnis um die Unfähigkeit, wahrlich angemessen zu danken, ist die Essenz der Dankbarkeit.

Denn es ist Allah, der Dankbarkeit in das Herz des Anrufenden legt und uns Zufriedenheit mit dem gibt, was von Ihm kommt.

Dankbarkeit und Geduld schützen vor der Schwäche der niedrigen Triebe.

Imam Ali sagt: „Wenn Segnungen zu dir kommen, vertreibe sie nicht durch Undankbarkeit."

Der gesegnete Monat Ramadan ist die beste Zeit, um zu reflektieren, wem wir alles Dank schulden und wie wir ihn unseren Mitmenschen gegenüber ausdrücken können.

Dankbarkeit zeigt sich, wenn man selbst zur Fürsorgenden und Ernährerin gegenüber den Hungernden und den Notleidenden wird. Sie zeigt sich in unserem Benehmen gegenüber Seiner Schöpfung.

Unser geliebter Prophet (ﷺ) lehrt uns: „Wer dem Menschen nicht dankbar ist, der ist Allah nicht dankbar." [28]

Dankbarkeit bedeutet auch, für alle Qualitäten, die du in dir trägst, wach zu sein, dich vor allen Qualitäten zu verneigen, so wie du dich vor Gästen verneigst, und sie in der bestmöglichen Art und Weise einzusetzen.

Zeige deine Dankbarkeit, indem du deine seelischen und geistigen Gaben für dich und andere in der bestmöglichen Weise nutzt.

Allah sagt uns: *„Oh, Mensch, was hat dich von deinem großzügigen Erhalter weggelockt (und zur Undankbarkeit verführt), Der dich erschaffen hat und dich geformt hat in Übereinstimmung mit dem, was du sein sollst, und deine Natur in rechten Proportionen gebildet hat, und dich zusammengesetzt hat, in welcher Form Er (dich haben) wollte."* (82:6-8)

Und Er erinnert uns immer wieder an Seine Allumfassende Liebe: *„Gott will euch keinerlei Härte auferlegen, sondern will euch reinmachen und euch das volle Maß Seiner Segnungen erteilen, auf dass ihr Grund haben möget, dankbar zu sein."* (5:6)

Mögen unser Fasten und unsere Dankbarkeit uns helfen, die Überheblichkeit unseres Egos zu übertrumpfen und stets Seiner Güte bewusst sein:

„Bleibt euch Gottes bewusst, auf dass ihr Grund haben möget, dankbar zu sein.“ (3:123)

Übung für den Tag

Begleite dich an diesem Tag bewusst mit der Dankbarkeit.

Es ist für unseren Verstand nicht einfach, zu der Erkenntnis zu kommen, die unser Herz immer wusste und weiß:

Meine ganze Existenz, mein Leben, meinen Körper, meine Sinne, meine Leistungen und all meine Gaben verdanke ich Dir.

الحمد لله و الشكر لله

Al-ḥamdu li-llāh wa š-šukru li-llāh.

„Alle Ehre und aller Preis für Allah und aller Dank für Allah.“

اللّٰهُمَّ أَعِنِّي عَلَى ذِكْرِكَ وَشُكْرِكَ وَحُسْنِ عِبَادَتِكَ

Allāhumma ’a‘innī ‘alā ḏikrika, wa šukrika, wa ḥusni ‘ibādatika.

„Oh, Allah, hilf mir, mich an Dich zu erinnern, Dir zu danken und Deine Anbetung auf die beste Weise durchzuführen.“

Der Göttliche Name Šakūr, der Dankbare, wird im Koran viermal gemeinsam mit dem Göttlichen Namen Ṣabūr, der Geduldige, verwendet, dreimal mit dem Göttlichen Namen Ġafūr, der Vergebende, und einmal mit dem Göttlichen Namen Ḥalīm, der Milde, der Nachsichtige.

Allah zeigt uns die tiefe Verbindung der Dankbarkeit mit dem Langmut, mit der Vergebung und mit der Nachsicht.

10. RAMADANTAG

ADAB

BENEHMEN

„Und du Muhammad (ﷺ) verfügst wahrlich über großartige Tugendeigenschaften." (68:4)

So beschreibt Allah Seinen geliebten Propheten (ﷺ) im Koran.

Unser größter Lehrer (ﷺ) sprach: „Ich wurde gesandt, um den guten Charakter (der Menschen) zu vervollkommnen." [29]

Ḥusn al-`aẖlāq, guten Charakter zu entwickeln, ist eine der wesentlichen Aufgaben des Propheten (ﷺ) gegenüber seinen Mitmenschen und all den folgenden Generationen gewesen.

Als Aisha, die Mutter der Gläubigen, nach dem Charakter des Propheten gefragt wurde, sprach sie: „Der Charakter des Gesandten Allahs (ﷺ) war der Koran." [30]

Der Prophet (ﷺ) lebte uns vor, wie wir die Gebote des Koran in unserem Leben integrieren können. In seiner sanften Güte zeigte er uns den Weg, wie wir unsere Schwächen, unsere negativen Charakteristika verwandeln können und den Weg zu Gottes Liebe finden können.

Er (ﷺ) zeigte uns, lebte es uns vor, wie wir mit Gottesvertrauen, mit Güte, mit Kreativität, mit Großzügigkeit, mit Aneignung von Wissen, mit Selbstbeherrschung, mit Achtung und Zuhören gegenüber unseren Mitmenschen und der ganzen Schöpfung eine innerliche Ganzheit entwickeln und eine friedliche Einheit in der Gesellschaft formen können.

Er (ﷺ) hatte kein Interesse an Macht, Ruhm oder Geld, sondern sein Leben war und ist ein Vorbild für uns, wie wir hier auf Erden Allahs Gefallen und Liebe erfahren können.

Der Prophet Muhammad (ﷺ) lehrt uns die Manieren und die Charaktereigenschaften, die uns zu unserem wahren Wesen führen und uns auf dem Weg zu Allah führen. Er lehrt uns, wie wir innere Reinigung und äußere Ergebung vereinen können.

Er (ﷺ) sagte beispielsweise: „Zwei Eigenschaften, die sich mit einem Gläubigen nicht kombinieren lassen, sind Geiz und schlechte Manieren, su' al-huluq.“ [31]

Al-Amin, der Vertrauenswürdige (ﷺ), lehrte uns die Wichtigkeit von Aufrichtigkeit: „Die Schlimmsten unter den Menschen sind die Zweigesichtigen, ḏul waǧhayn. Sie kommen zu einigen Menschen mit einem Gesicht und zu anderen mit dem anderen Gesicht.“ [32]

Seine Lehren waren alltagsbezogen, denn im täglichen Leben übt man die Transformation des Charakters. So zeigte er uns Anstand gegenüber dem Essen, wie im Hadith übermittelt von Umar Ibn Abi Salama:

„Als kleiner Junge stand ich unter der Vormundschaft des Propheten (ﷺ). Ich saß einmal in seinem Schoß. Beim Essen griff ich völlig gedankenlos mit der Hand hin und her in die Schüsseln. Da sagte der Gesandte Allahs (ﷺ) zu mir: ‚Oh, mein Junge! Sag zuerst: ‚Im Namen Allahs', nimm dann beim Essen nur die rechte Hand und greif immer nur in die Schüssel, die dir am nächsten ist!'“ [33]

Allah sagt im Koran: *„Und esst und trinkt, aber seid nicht verschwenderisch. Er (Allah) liebt ja die Maßlosen nicht.“* (7:31)

Der Prophet (ﷺ) erklärte uns wie: „Vom Essen genügt dem Menschen das, was ihn aufrechterhält. Wenn er unbedingt mehr essen will, so muss er den Umfang in drei Portionen teilen: ein Drittel fürs Essen, ein Drittel fürs Trinken und ein Drittel für das Atmen." [34]

Er (ﷺ) sagte auch: „Esst zusammen und nicht getrennt, denn der Segen besteht darin, zusammen zu sein." [35]

Al-Mustafa, der Auserkorene (ﷺ), lehrte uns immer wieder, wie wir Gottesbewusstsein erreichen können und welche die äußeren Regeln dafür sind, sodass unsere Liebe zu Allah und zum Propheten (ﷺ) Ausdruck in unserem Leben findet:

Allah sagt: *„Wenn ihr mit einem Gruß begrüßt werdet, dann grüßt mit einem noch schöneren Gruß oder erwidert ihn."* (4:86)

Der Prophet (ﷺ) erklärt uns die tiefe Bedeutung des Grußes: „Bei Dem, in Dessen Hand meine Seele ist, ihr werdet nicht eher ins Paradies eingehen können, bis ihr gläubig werdet, und ihr werdet nicht gläubig, bis ihr euch liebt. Soll ich euch auf etwas hinweisen, das euch einander lieben lässt, wenn ihr es tut? Breitet den Gruß des Friedens unter euch aus."

Den Friedensgruß unter den Menschen zu verbreiten, baut Liebe und Vertrauen unter den Menschen auf.

Er (ﷺ) zeigte auch Regeln auf wie: „Der Reitende grüßt den Gehenden, der Gehende den Sitzenden und die kleinere Gruppe die größere." [36]

Dem Propheten (ﷺ) lagen stets die Verfeinerung, die Achtsamkeit, die Würde und die Stärkung unseres Gottesbewusstseins am Herzen.

Der Koran sagt uns: *„[...] die in Zeiten der Fülle und in Zeiten der Härte spenden, die ihren Zorn im Zaune halten und die ihren Mitmenschen vergeben."* (3:134)

Allahs Gesandter (ﷺ) sagte: „Stärke zeigt sich nicht im geschicktem Ringen."

Sie sagten: „Allahs Gesandter, wer ist dann stark?"

Er (ﷺ) sagte: „Wer seinen Zorn kontrolliert, wenn er in einem Wutanfall ist." [37]

Der Prophet (ﷺ) sagte auch: „Fasten ist ein Schild; wenn einer von euch fastet, sollte er sich weder unanständig noch dumm verhalten. Wenn jemand mit ihm streitet oder ihn schikaniert, so soll er sagen: ‚Ich faste, ich faste.'" [38]

Er (ﷺ) erklärt uns, dass Fasten ein Schild ist, weil wir in diesem Zustand erinnert werden, dass unsere Liebe zu Allah stärker ist als unser Trieb, auf Negatives mit Gleichem zu antworten.

Er (ﷺ) zeigte uns, wie wesentlich es im Islam ist, die Empfindungen unserer Mitmenschen zu achten, Herzen nicht zu kränken, uns gegenseitig zu stärken, füreinander da zu sein und unsere innewohnende gottgegebene Großzügigkeit zu leben, denn sie ist Ausdruck unseres Vertrauens und unserer Hingabe an Allah.

„Wo immer Freundlichkeit, rifq, zu finden ist, trägt es zu seiner Schönheit bei und wo immer sie fehlt, trägt es zu seiner Hässlichkeit bei", sprach der Prophet (ﷺ). [39]

Zu lernen, einem Sprecher zuzuhören und ihn nicht zu unterbrechen, bis er ausredet, ehrt den anderen und lehrt uns gleichzeitig würdevolle Selbstbeherrschung. Unser geliebter Prophet (ﷺ) sagte einem seiner Gefährten am Tage der Abschiedswallfahrt: „Sag den Menschen, sie sollen zuhören." [40]

Einen Menschen von seinem Platz zu verweisen, um sich selbst zu setzen oder seinen Platz einzunehmen, nur, weil er kurz was holen musste, zu all dem gab uns unser geliebter Prophet (ﷺ) Anweisungen: „Ein Mensch darf keinen anderen Menschen von seinem Platz erheben, um sich an seinen Platz zu setzen, sondern macht füreinander Platz und macht eine größere Runde.” [41]

„Wenn sich jemand von seinem Sitz erhebt und kommt zu ihm zurück, so hat er noch mehr Anspruch darauf.” [42]

Mitgefühl und Güte zu zeigen, sich Zeit für andere zu nehmen, ist, hier auf Erden das Paradies zu erfahren, denn Allahs Gesandter (ﷺ) sagte uns: „Wer einen Kranken besucht, weilt im Paradies und genießt seine Früchte, solange er beim Kranken ist.” [43]

Wir alle begehen Fehler, und sich nicht an den Schwächen und Fehlern anderer schadenfroh zu erfreuen und sie auszuplaudern, weil man dadurch vielleicht für einen Moment besser dasteht, ist die Haltung eines gläubigen Menschen. Der Gesandte Allahs (ﷺ) sagte: „Jener, der (die Fehler anderer in dieser Welt verbirgt), dem wird Allah seine Fehler am Tag der Auferstehung verbergen.“ [44]

Welch große Verantwortung wir innehaben, wenn wir andere Menschen leiten oder in einem Betrieb für sie verantwortlich sind, erklärt uns der Gesandte Allahs (ﷺ) mit folgenden Worten: „Jeder Mensch, dem Allah die Autorität gegeben hat, andere Menschen zu leiten, und der sich nicht ehrlich um sie kümmert, wird niemals den Geruch des Paradieses spüren.“ [45]

Mögen wir nie seine (ﷺ) Worte vergessen, dass wir alle verbunden sind: „Die Gläubigen sind wie ein Körper, wenn der Kopf schmerzt, schmerzt der ganze Körper vor Fieber und Schlaflosigkeit.“ [46]

All diese Anweisungen kann man zusammenfassen unter dem Begriff adab.

Adab ist ein Benehmen. Es ist eine Haltung der tiefen inneren Verneigung vor Allah, die ihren äußeren Ausdruck im Bemühen findet, Respekt vor sich selbst und der Schöpfung zu zeigen. Es ist eine Weise, in seinen Handlungen und seinem Verhalten mit Gott zu sein. Die Liebe und Dankbarkeit zu Allah in den Alltag zu bringen, in den Umgang mit anderen und mit sich selbst.

Natürlich hat Adab auch Grenzen: Unsere Überlieferung sagt, wir sollen die Verfehlungen anderer zudecken, wenn kein Schaden für die Gemeinschaft daraus erwächst, wir sollen vertraulich ermahnen, doch wir müssen Fehler und Irrtümer bekannt machen, wenn die Gefahr besteht, dass sie andere ansteckt beziehungsweise in die Irre führt.

MÖGE DER GELIEBTE ALLAHS (ﷺ) STETS ALS LEITSTERN
IN UNSEREN HERZEN LEBEN.

MÖGEN WIR VOR ALLEM IN DIESEM GESEGNETEN MONAT UNSER ADAB,
BENEHMEN, NIE VERGESSEN.

ÜBUNG FÜR DEN TAG

Lese dir dieses Bittgebet für den heutigen Tag durch, wenn möglich zwei- bis dreimal, inshallah:

وَجَّهتُ وَجْهِيَ لِلَّذي فَطَرَ السَّمواتِ وَالأَرْضَ حَنيفاً وَما أَنا مِنَ
المشْرِكين إِنَّ صَلاتي، وَنُسُكي، وَمَحْيايَ، وَمَماتي للهِ رَبِّ العالَمين، لا
شَريكَ لَهُ وَبِذلكَ أُمِرْتُ وَأَنا مِنَ المسْلِمين. اللّهُمَّ أَنْتَ المَلِكُ لا إِلهَ إِلاّ
أَنْت، أَنْتَ رَبِّي وَأَنا عَبْدُك، ظَلَمْتُ نَفْسي وَاعْتَرَفْتُ بِذَنْبي فَاغْفِرْ لي
ذُنوبي جَميعاً إِنَّهُ لا يَغْفِرُ الذُّنوبَ إِلاّ أَنْت. وَاهْدِني لأَحْسَنِ الأَخْلاقِ لا
يَهْدي لأَحْسَنِها إِلاّ أَنْت، وَاصْرِف عَنِّي سَيِّئَها، لا يَصْرِفُ عَنِّي سَيِّئَها
إِلاّ أَنْت، لَبَّيْكَ وَسَعْدَيْك، وَالخَيْرُ كُلُّهُ بِيَدَيْك، وَالشَّرُّ لَيْسَ إِلَيْك، أَنا
بِكَ وَإِلَيْك، تَبارَكْتَ وَتَعالَيْتَ أَسْتَغْفِرُكَ وَأَتوبُ إِلَيك

Waǧǧahtu waǧhiya li-laḏī faṭara s-samāwāti wa l-'arḍa, ḥanīfan wa mā anā min al-mušrikīna. Inna ṣalāti wa nusukī, wa maḥyāya wa mamātī li-llāhi rabbi l-'ālamīna, lā šarīka lahū. Wa bi dālika umirtu wa ana min al-muslimīna. Allāhumma anta l-maliku lā ilāha illā anta.

Anta rabbī wa ana ʻabduka/amatuka, dhalamtu nafsī waʻtaraftu bi danbī. Faġfir lī dunūbī ğamī`an, innahu lā yaġfiru d-dunūba illā anta. Wahdinī li-aḥsani l-ahlāqi, lā yahdī li aḥsanihā illā anta. Waṣrif ʻannī sayyiʻahā, lā yaṣrifu ʻannī sayyiʻahā illā anta. Labbayka wa saʻdayka, wa-l-hayru kulluhu bi yadayka, wa š-šarru laysa ilayka, ana bika wa ilayka, tabārakta wa taʻālayta, astagfiruka wa atūbu ilayka.

„Ich habe mein Gesicht aufrichtig dem zugewandt, der Himmel und Erde hervorgebracht hat, und ich gehöre nicht zu denen, die (andere mit Allah) verbinden. Mein Gebet, mein Opfer, mein Leben und mein Tod sind für Allah, dem Herr der Welten, keine Partner hat Er, dies wurde mir geboten, und ich gehöre zu den Ergebenen. Oh, Allah, du bist der Souveräne, es gibt keinen Gott außer Dir. Du bist mein Herr und ich bin dein Diener, deine Dienerin. Ich habe meiner Seele Unrecht getan und meine Sünde anerkannt. Vergib mir alle meine Sünden, denn niemand vergibt Sünden außer Dir. Führe mich zum besten Charakter, denn niemand kann uns zum schönsten Charakter führen außer Dir, und befreie mich von den schlechten Charakterzügen, denn niemand kann mich davon befreien außer Dir. Hier bin ich als Antwort auf deinen Ruf glücklich, Dir zu dienen. Alles Gute ist in Deinen Händen und das Böse ist nicht zu Dir zurückzuführen. Ich existiere durch Deinen Willen und werde zu Dir zurückkehren. Gesegnet und erhaben bist Du, ich suche Deine Vergebung und wende mich in Reue zu Dir.“ [47]

Es gibt drei Arten der Geduld: die Geduld für das Gute in einem, die Geduld für das Träge und Nachlässige in einem und die Geduld mit den Schicksalsschlägen und schweren Zeiten. Der Göttliche Name Aṣ-Ṣabūr verleiht Geduld und Ausdauer für alle drei Arten, denn Er ist der Geduld Schenkende und wandelt die Energie des Klagens und sich Beschwerens in Zuversicht und Vertrauen. Halte den Wogen das Meer deiner Geduld entgegen!

11. RAMADANTAG

NIYYA

INTENTION

Der Gesandte Allahs (ﷺ) sagte: „Keiner von euch wird durch seine Taten gerettet!"

Die Leute fragten: „Du auch nicht, oh Gesandter Allahs?"

Er erwiderte: „Ich auch nicht, es sei denn, Allah nähme mich in Seine Barmherzigkeit auf. Also versucht, das Richtige zu verrichten, ohne dass ihr euch übergebt, und trachtet nach dem Wohlgefallen Allahs am Tagesbeginn und am Tagesende und in einem Teil der Nacht. Maßgebend ist der Vorsatz, niyya, nach dem ihr die Auswertung eurer Taten zu erwarten habt." [48]

Die niyya, die Absicht, ist ein wesentlicher Teil auf unserem Weg zu Allah.

Niyya bedeutet „Absicht", „Vorhaben", „Entschluss", aber auch „Wille", „Gesinnung", „Willensrichtung", „Neigung", „Ziel" und „Reiseziel".

„Dem Menschen wird nichts angerechnet werden als das, wonach er strebt." (53:39) Also das, was wir bewusst beabsichtigen und was wir durch unsere Worte und Taten zum Ausdruck bringen.

Die Absicht ist der Geist der Handlungen eines Menschen, sie gibt unseren Taten erst ihren Sinn und ihre Orientierung.

In uns ist oft ein lauter Lärm an Wünschen, Vorstellungen und Versuchungen, mit dem uns unser Ich, unser Nafs, konfrontiert. Wenn wir von unserem Nafs aus auf die Welt und auf uns selbst blicken, gehen wir durch diese Welt mit dem einzigen Zweck, diese zu erfüllen. Dahinter steckt die große Sehnsucht, glücklich sein zu wollen, und das ist berechtigt und verständlich.

Das Problem besteht nur darin, dass unser Ich nie genug bekommen kann; sobald es einen Wunsch erfüllt bekommt, erscheint schon der nächste.

Unser Ich versucht, sich so in einer bedrohlich empfundenen Welt Sicherheit, Stabilität und Glück zu garantieren und natürlich eine bessere Zukunft. Diese Haltung macht uns zu isolierten, selbstbezogenen, egozentrischen Wesen. Denn das Ego neigt stets zu Arroganz und Herrschaft.

Doch Allah hat in unser Wesen, in unsere essenzielle menschliche Natur, fiṭra, eine tiefe Sehnsucht gelegt, die immer da ist. Sie ist wie der Herzschlag, der, wenn wir etwas aufmerksam sind, stets in unserem ganzen Wesen spürbar ist.

Die Zeit des Fastens, diese Zeit, in der unser Körper geschwächt wird und wir mehr als sonst auf uns zurückgeworfen werden, ist eine wundervolle Gelegenheit, der inneren Sehnsucht mehr Raum zu geben. Der Monat Ramadan ist auch der Monat der Beobachtung und Kontemplation, murāqaba.

Wir alle werden während des Fastens verlangsamt und diese Langsamkeit hilft uns, sensibler zu werden für unsere inneren Zustände. Es ist eine von Allah gegebene Möglichkeit, die Gedanken und Gefühle in uns zu bemerken, die uns von Allah verschleiern und in die Illusion führen, getrennte Wesen zu sein.

Allah sagt uns: *„Und stoß jene nicht zurück, die morgens und abends ihren Herrn anrufen, nach seinem Antlitz verlangend (yuridūna).“* (6:52) Mit yuridūna ist hier die Intention gemeint.

Die Intention, niyya, hinter unseren Worten und Taten ist ein aktiver bewusster Akt der Anbindung und Verbindung mit Gott. Es ist ein Ausdruck unseres Glaubens in unseren Worten und Handlungen.

Es ist eine tägliche bewusste Hinwendung unseres Herzens zu Gott, und wenn unser Herz sich immer wieder zu Gott öffnet, kann das Negative unseren Verstand nicht mehr so leicht befallen.

Niyya ist also, Verstand und Herz zu verbinden und beide mit dem Duft des Gottesbewusstseins zu einen.

Unser Lehrer und Prophet (ﷺ) sagte uns: „Wahrlich, Allah schaut weder auf eure Körper noch auf eure Gesichter, sondern auf eure Herzen", und er (ﷺ) zeigte mit seinem Finger auf das Herz.[49]

Allah setzt also unsere Intention, niyya, als Maßstab an, um unsere Taten zu bewerten. Falls wir eine scheinbar gute Tat mit einer schlechten niyya vollbringen, so ist sie vor Allah keine gute Tat.

Was bedeutet das? Wenn ich eine äußere gute Tat zum Beispiel nur ausführe, damit mein Ansehen unter den Menschen wächst, wenn ich sie aus Eitelkeit, Stolz und versteckten Hochmut mache oder um rein persönliche Vorteile dadurch zu beziehen, so ist es keine Tat aus Liebe zu Allah. Dann ist es eine Tat, die vor allem meinem Eigennutz dient und nicht Allahs Segen und Barmherzigkeit beinhaltet.

Eine Handlung, die ich in meinem Herzen Allah hinhalte, wird von Allahs Liebe zu uns aufgenommen und durch diese Liebe in die Ewigkeit eingehen.

Wir können alle unsere Taten zu einem Weg zu Gott werden lassen: Wenn ich mich ins Bett lege, um zu schlafen, so dient es meinem Wohlbefinden und meiner Ruhe. Wenn ich mich aber ins Bett lege mit der Intention, meinem Körper sein Recht auf Ruhe zu geben, damit ich gestärkt zum Gebet aufstehen kann, dann wird es ein Akt der Anbetung. Wenn ich trainieren gehe, um gesund und vital zu sein, so ist das gut. Gehe ich aber trainieren, um durch einen gestärkten Körper meine Wachsamkeit und Präsenz zu stärken, um länger in Stille im dhikr sitzen zu können, so wird mein Sport auch ein Akt der Anbetung, ʻibāda. Wenn ich meine Pflanzen gieße, weil sie es benötigen, so ist das gut, doch wenn ich es mache, weil ich meine Liebe und Dankbarkeit und demutsvolle Abhängigkeit von Allah darin erkenne und ausdrücke, wird es zu einem Akt des Glaubens.

Alles auf dieser Erde zeigt auf Gott: *„Wir werden ihnen unsere Zeichen am Horizont und in sich selbst zeigen.“* (41:53)

Die Intention, niyya, hilft uns, uns im Alltag immer wieder in diese ewig bestehende Verbindung zwischen Gott und uns einzubetten. Die niyya ist der innere tägliche intime Dialog zwischen uns und Allah. Lass nie deine Vergangenheit, deine Fehler und Schwächen dich unwürdig fühlen, eine Beziehung zu Gott zu haben.

Es stimmt, wir Menschen lieben Anerkennung durch andere, wir lieben es, bewundert zu werden. Gute Taten zu verrichten, um von den anderen Anerkennungen zu bekommen, bleibt oft hartnäckig im Herzen. Sich über Lob zu freuen ist ganz natürlich, nur sollen wir nicht Sklaven des Lobes werden.

Das Herz für Allah zu öffnen bis der Moment kommt, in dem wir unser Herz ganz in Allahs Hände legen im tiefen Vertrauen und in liebender Hingabe, ist ein Prozess. Die Intention festigt unsere Füße im Glauben,ʼimān, auf dem Weg zu Allah.

„Oh, Allah, lass mich nicht viel sprechen, ohne Dich zu erwähnen,
damit sich nicht mein Herz verhärtet, ohne dass ich es merke.

Oh, Allah, lass mich nicht auf die unehrlichen Handlungen der
Menschen blicken, als ob ich etwas Besseres wäre,
und lass mich in meinen Handlungen und Worten stets
Deiner bewusst sein. Denn ich weiss, einige Menschen sind
von falschen Handlungen betroffen, andere sind davor geschützt,
Alles geschieht in Deiner Weisheit und Güte.

Oh, Allah, lass mich stets nachsichtig und mitfühlend mit den
Menschen in Bedrängnis sein und schenke uns stets Deinen Schutz.“

Oh, Allah, lass mich stets Deiner Worte bewusst sein:

„Nur euer Gottesbewusstsein erreicht Ihn." (22:37)

Übung für den Tag

Eröffne heute ganz bewusst jede Handlung mit:

بسم الله الرحمن الرحيم

bismillāh ar–raḥmān ar–raḥīm

„Im Namen Allahs des Allbarmherzigen, Allgütigen."

Frage ehrlich vor einer Handlung:

Nährt dieser Wunsch, dieses Tun meinen Stolz, geht es dabei nur um meinen Vorteil, dient es nur meinem Vergnügen?

Und dann handle wahrhaftig.

Wusstest du

Die niyya fassen wir in unseren Herzen, dort ist der Sitz unserer Intention.

Wenn sich die im Herzen gefasste niyya von der ausgesprochenen niyya unterscheidet, gilt die niyya des Herzens.

Ausnahmen: Bei der Scheidung gilt das Gesprochene und nicht, was im Herzen ist, und beim Eid vor dem Richter gilt die ausgesprochene niyya vor dem Richter.

12. RAMADANTAG

ZAKĀT und ṢADAQA

ALMOSEN

„Für jeden Knochen soll der Mensch jeden Tag, dessen Sonne aufgeht, ein Almosen zahlen: Wenn er zwischen zwei Menschen, die sich miteinander streiten, gerechter Richter ist, so gilt das als Almosen. Wenn er jemandem dabei hilft, sein Tier zu reiten oder dessen Gepäck darauf zu stellen, so gilt das auch als Almosengabe. Das gute Wort ist auch wie Almosengabe. Jeder Schritt zum Beten in der Moschee ist wie Almosengabe und jeglichen Schaden von der Straße wegzunehmen gilt auch wie Almosengabe." [50]

Muslime ist es auferlegt, einmal jährlich eine Almosen-Steuer, zakāt, von 2,5 Prozent ihres Kapitalvermögens zu geben, die an Arme und Bedürftige geht.

Die Pflichtabgabe ist ein bestimmter Prozentsatz des eigenen Vermögens, den die reichen Muslime in Zufriedenheit und aus Ergebung gegenüber Allah den mittellosen Mitmenschen geben, damit diese ihre Bedürfnisse erfüllen können und nicht zu betteln brauchen.

Zakāt ist also eine Gabe, die wir dankenden Herzens geben für den Segen, in dem wir leben, für jene, die ein anderes Schicksal haben und nicht fähig sind, ihre Erfordernisse abzudecken. Alle Muslime, die einen gewissen Umfang an Vermögen besitzen, sind zu dieser Abgabe verpflichtet.

Seit dem Fastengebot haben die Muslime den Monat Ramadan als eine Gelegenheit betrachtet, die Gerechtigkeit und Hilfsbereitschaft unter den Menschen zu verbreiten. Sie haben sich bemüht, Hungersnot entgegenzuwirken, armen Menschen zu helfen und die Waisen zu unterstützen.

Es sind Taten, die von Anfang an dauerhaft in die Herzen der Muslime eingeprägt wurden, und die die Umma, die muslimische Gemeinschaft, in Barmherzigkeit, raḥma, zusammenhält, so wie es uns unser Prophet (ﷺ) vorgelebt hat.

Eine große Dankbarkeit durchflutet das Herz, wenn man die Ehre bekommen hat, geben zu können, wenn man von Allah in eine Position gestellt wurde, Güte und Gemeinschaftssinn kosten und ausleben zu können.

Wir wissen alle, dass sich in einem Moment alles verändern kann und wir uns plötzlich in der umgekehrten Situation wiederfinden, alhamdulillah 'ala kulli ḥāl, „Gepriesen sei Allah in jedem Zustand, den Er uns gibt."

Das Wort zakāt kommt von der Wortwurzel z-k-w und bedeutet: „reinigen" und „läutern", aber auch „vermehren" und „wachsen".

Wenn wir aus Liebe zu Allah geben, werden wir empfänglich für Allahs Großzügigkeit, für Allahs Göttlichen Namen Al-Karīm, der Ewig-Gebende, der Ewig-Großzügige, der Ewig-Wohltätige.

Was für die Pflanze Wachstum ist, was für das Tier Bewegung ist, ist für den Menschen das Geben:

„Das Gleichnis jener, die ihre Besitztümer um Gottes Willen ausgeben, ist wie das eines Korns, aus dem sieben Ähren wachsen." (2:261)

Zakāt soll uns daran erinnern, dass alles, was wir glauben zu besitzen, eine vorübergehende Gabe von Allah ist:

„Und gebt aus Mildtätigkeit zu eurem eigenen Wohl, denn solche, die vor ihrer eigenen Habsucht gerettet werden, es sind sie, sie, die einen glückseligen Zustand erlangen werden.“ (64:16)

Das grausamste Wesen ist der Mensch, und doch sind Mann und Frau die Wiege der ewigen Freude und Harmonie. Zeige deine Großzügigkeit, deine Großherzigkeit, indem du den Weg der eigenen Verwandlung eingehst, indem du das Feuer der Liebe zu Allah in deinem Herzen entfachst und lernst, durch dieses Feuer alles in dir zu transformieren zum Segen der Schöpfung.

Der Gesandte Allahs (ﷺ) sagte: „Wem Allah von den Reichtümern gibt und dieser den Zakāt-Anteil davon nicht entrichtet, dem wird sein Reichtum am Tage der Auferstehung in Form einer hochgiftigen Riesenschlange mit zwei schwarzen Hörnchen erscheinen.

Diese wird ihn am Tage der Auferstehung umschlingen, seinen Unterkiefer anpacken und zu ihm sprechen: ‚Ich bin dein Reichtum, ich bin dein Schatz!‘“

Der Prophet (ﷺ) rezitierte anschließend folgenden Koran Vers (3:180): *„Und sie sollten nicht denken, sie, die geizig an all dem hängen, was Gott ihnen aus Seiner Huld gewährt hat, dass dies gut für sie ist: nein, es ist schlecht für sie. Das, woran sie geizig hängen, wird am Tag der Auferstehung um ihre Nacken gehängt werden, denn Gott (allein) gehört das Erbe der Himmel und der Erde, und Gott ist all dessen gewahr, was ihr tut.“* [51]

Der Prophet Muhammad (ﷺ) will uns damit zeigen, dass Gier, Geiz und Habsucht die Haupthindernisse sind, um einen glückseligen Zustand in dieser Welt und im Jenseits zu erlangen.

„Denn solche, die vor ihrer eigenen Habsucht gerettet sind, es sind sie, die einen glückseligen Zustand erlangen werden.“ (59:9)

Der Monat Ramadan ist ein Monat, in dem beides, einerseits der Rückzug in die eigenen Innenräume, dort, wo der intime Dialog mit Allah stattfindet, und andererseits das Gemeinschaftliche stark in den Vordergrund kommen.

Wie wesentlich diese beiden Aspekte in unserem Leben sind, wird in keinem Monat so klar wie im Fastenmonat Ramadan.

Wir brauchen unsere Familien, Freunde und Mitmenschen, um zu erfahren, wo wir stehen, wie weit wir uns entwickelt haben, wie kleinlich und empfindlich wir noch bei gewissen Themen sind oder wie weit unser Vertrauen, unsere Hingabe, unsere Barmherzigkeit schon gewachsen sind.

Der Monat Ramadan ruft uns zusammen: diejenigen, die sich vom sozialen Umfeld zurückgezogen haben, die, die allein sind, die Zerstrittenen, die sich von den menschlichen Werten vielleicht entfremdet haben.

Öffne dein Herz, und wenn auch nur ein klein wenig, damit du Allahs Halt und Liebe erfahren kannst und die Mauern des verletzten Ichs abtragen kannst. Möge unser Stolz sich stetig in Würde verwandeln. Gewinne die Herzen der Menschen!

In dieser Welt herrscht viel Schmerz und Leid, so viel Not, wo man hinblickt, und so oft hat man das Gefühl, dass diese kleinen Taten der ṣadaqa wohl kaum etwas ausmachen. Doch wir dürfen nicht vergessen, dass alles im Kleinen beginnt: Tropfen formen mit der Zeit einen Fluss, Sandkörner einen Berg und ein Sperma und eine Eizelle einen Menschen.

Aisha, die Mutter der Gläubigen, berichtete: „Die beliebteste (gute) Tat beim Gesandten Allahs (ﷺ) war die, die von jemand dauerhaft begangen wurde.“ [52]

Unterschätze nicht, was Allah durch ein gütiges Herz und eine barmherzige Hand auf dieser Welt erschafft. Sagt nicht Allah:

„Wer das Gewicht eines Atoms an Gutem getan haben wird, der wird es erblicken.“ (99:7)

„HANDLE IN DIESER WELT, ALS OB DU EWIG HIER VERWEILEN WÜRDEST UND HANDLE FÜR DAS JENSEITS, ALS OB DU JEDEN MOMENT GEHEN WÜRDEST.“

IMAM ALI

ÜBUNG FÜR DEN TAG

Ṣadaqa kommt von der Wortwurzel ṣ-d-q und bedeutet: „wahrhaftig“ und „aufrichtig sein“, „Freimut“, „Kraft“, „Vorzüglichkeit“, „die Wahrheit sagen“, „guten Rat geben“, „Tüchtigkeit“, „glaubwürdig“, „schenken“, „Almosen geben“.

Übe dich heute ganz bewusst in ṣadaqa:

Mit jedem Sonnenaufgang und dem Beginn eines neuen Tages übe dich im Verteilen von Almosen: Einen Streit zwischen zwei Menschen zu schlichten, ist ein Almosen, jemanden beim Tragen seiner Lasten zu helfen, ist ein Almosen, Hoffnung zu schenken, ist ein Almosen, ein gütiges Wort ist ein Almosen, jeder Schritt, den du machst, um das Gebet zu verrichten, ist ein Almosen und jede Gefahr, die du aus dem Weg entfernst, ist ein Almosen.

Ṣadaqa ist natürlich auch eine freiwillige Almosenspende.

Die Zakāt kann folgenden acht Gruppen von Menschen gegeben werden:

„Die Almosen sind bestimmt für Arme und Bedürftige und die sich um sie kümmern, und jene, deren Herz gewonnen werden soll, und für das Befreien von Menschen aus Knechtschaft und für jene, die mit Schulden überlastet sind, und (für jede Anstrengung) für Gottes Sache und (für) die Reisenden.“ (9:60)

- Mit *„deren Herz gewonnen werden soll“* sind Nichtmuslime gemeint, die nahe daran sind, den Islam zu verstehen und vielleicht anzunehmen.
- *„… für das Befreien von Menschen aus Knechtschaft, fi-r-riqāb“*: betrifft sowohl das Auslösen von Gefangenen als auch das Befreien von Sklaverei. Hier zeigt uns der Koran, dass die Abschaffung der Sklaverei ein soziales Ziel des Islam ist. Das Befreien aus Knechtschaft hat der Prophet (ﷺ) mit großem Nachdruck in der Sicht Gottes zu den lobenswertesten Handlungen bezeichnet.
- *„… die mit Schulden überlastet sind“*: jene, die mit den in gutem Glauben aufgenommenen Schulden überlastet sind und ohne eigenes Verschulden nicht zurückzahlen können.
- *„… für Gottes Sache“* schließt jede Art von Anstrengung für eine gerechte Sache, sowohl in Kriegs- als auch Friedenszeiten ein.
- *„… die Reisenden bzw. wörtlich Sohn des Weges“* bezeichnet Personen, die weit entfernt von ihrem Zuhause sind, und insbesondere jene, die wegen dieses Umstandes nicht genügend Mittel zum Leben haben bzw. jene, die, aus welchen Gründen auch immer nicht nach Hause zurückkehren können.

Die Zakāt al-fiṭr

Die Zakāt al-fiṭr ist eine besondere Pflichtspende, die am Ende des Monats Ramadan gegeben wird. Sie soll dafür sorgen, dass auch arme Menschen das Fastenbrechen-Fest genießen können. Die Zakāt al-fitr wird auch als Reinigung und Ausgleich für die Verfehlungen während des Fastens angesehen.

Die Höhe der Zakāt-al-fitr entspricht etwa dem Gegenwert einer einfachen Mahlzeit und variiert von Land zu Land, je nach Lebensstandard. Die Zakāt al-fiṭr wird für jedes Mitglied des Haushaltes gegeben, egal ob Erwachsener, Kind oder Säugling.

13. RAMADANTAG

JIHAD

KAMPF

Der Prophet (ﷺ) sagte: „Der beste Kampf, ğihād, auf dem Weg Allahs ist, ein Wort der Gerechtigkeit zu sprechen gegenüber einem unterdrückerischen Herrscher.“ [53]

Jihad kommt vom Verb ğahada und bedeutet: „sich bemühen“, „kämpfen“, „an sich arbeiten“ oder „anstrengen“, nämlich für eine gute Sache und gegen Übel.

Der Jihad wird, basierend auf einem Hadith des Propheten (ﷺ), in zwei Arten aufgeteilt: der kleinere und der größere Jihad.

Der kleinere Jihad ist der Akt der Verteidigung der Religionsfreiheit, des Heimatlandes, der grundlegenden Menschenrechte und der Gerechtigkeit.

Es ist das Streben nach Gerechtigkeit und Frieden, wo Ungerechtigkeit herrscht und die Freiheit unterdrückt wird.

Wie der Koran sagt: *„Und warum sollten sie nicht für Allah und für diejenigen kämpfen, die unter Männern, Frauen und Kindern schwach, misshandelt und unterdrückt, die rufen: ‚Unser Herr! Rette uns aus dieser Stadt, deren Leute Unterdrücker sind; und erhebe für uns aus Deiner Gnade einen, der beschützen wird; und erhebe für uns aus Deiner Gnade, einen, der helfen wird.‘“* (4:75)

Allah zeigt uns im Koran, dass Muslime verpflichtet sind, unterdrückten Menschen zu helfen, ihnen beizustehen und ihnen zu ihrem Recht zu verhelfen. Das ist eine allgemeine Haltung gegenüber der ganzen Menschheit.

Unser geliebter Prophet (ﷺ) hat uns immer wieder darauf hingewiesen, gütig und rücksichtsvoll gegenüber den Mitmenschen zu sein, ihre Rechte zu achten und aufrichtig im Umgang zu sein, vor allem gegenüber den Schwächeren und den Minderheiten, egal, woher sie kommen oder welcher Gemeinschaft sie zugehören.

Der kleinere Jihad, der kämpferische Jihad, ist mit strikten Regeln verbunden und dient nur der Verteidigung: *„Und kämpft für Gottes Sache gegen jene, die Krieg gegen euch führen, aber begeht keine Aggression, denn wahrlich, Gott liebt Aggressoren nicht.“* (2: 190)

Der Kampf soll sofort beendet werden, wenn der Frieden wiederhergestellt ist: *„[...] aber wenn sie dem Frieden zuneigen, neige auch du ihm zu und setze dein Vertrauen auf Gott.“* (8:61)

Große Verantwortung und Wissen sind mit dem kämpferischen Jihad verbunden. Er kann nicht von einzelnen Bürgern ausgesprochen werden. Die Regeln für diese Verteidigungskriegsführung sind sehr strikt im Koran beschrieben und überschreiten in ihrer Strenge viele Regeln moderner Länder.

Diese große Verantwortung und die Kostbarkeit eines jeden Menschenlebens zeigt uns Allah im Koran: *„[...] wenn irgendeiner einen Menschen tötet, sei denn (als Strafe) für Mord oder für Verbreiten von Verderbnis auf Erden, es sein soll, als ob er alle Menschheit getötet hätte, während, wenn irgendeiner ein Leben rettet, es sein soll, als ob er aller Menschheit das Leben gerettet hätte.“* (5:32)

Der größere Jihad wiederum, der ǧihād an-nafs, ist der große Kampf des Ichs, des Nafs, ist die große Anstrengung gegen die ichsüchtigen Leidenschaften und Schwächen des eigenen Egos und dessen niedrigeren Wünsche.

Es ist der innere Kampf gegen die Isolationsbestrebungen des verletzten Ichs, das glaubt, in der Trennung, in der Selbstsucht, in der Selbstgefälligkeit, im Egoismus, in der Hartherzigkeit, in der Ausbeutung und der Manipulation sein Glück zu finden und zu sichern.

„Aber was jene angeht, die sich hart anstrengen für Unsere Sache, Wir werden sie ganz gewiss auf Pfade leiten, die zu Uns führen, denn, siehe, Gott ist führwahr mit denen, die Gutes tun.“ (29:69)

Folglich bedeutet Jihad „Anstrengung für das Göttliche in uns und für eine gerechte Gemeinschaft im Äußeren“.

Imam Al-Ghazali erklärt dies folgendermaßen:

„Erkläre deinen Jihad den 12 unsichtbaren Gegnern:

- dem Egoismus,
- der Arroganz,
- der Eitelkeit,
- der Selbstsüchtigkeit,
- der Gier,
- der Begierde,
- der Intoleranz,
- der Wut,
- dem Lügen,
- dem Betrügen,
- dem Lästern,
- dem Verleumden.

Wenn du diese Gegner in den Griff bekommst und sie zerstören kannst, bist du bereit, die Gegner zu bekämpfen, die du auch siehst.“

Im Monat Ramadan ist unser Jihad das Fasten, das Bemühen, freundlich und gütig zu sein, Familie und Freunde einzuladen, für sie zu kochen, die Nächte im Gebet und dhikr, Gottesgedenken, zu verbringen, uns fernzuhalten von oberflächlichen, seichten Ablenkungen, unsere Zunge zu zügeln und unsere Hände für das Gute einzusetzen. Der größere Jihad hält ein Leben lang an und kann nur wahrhaftig gelebt werden, wenn ich um die Gnade und Liebe weiß. Denn dann weiß ich, wo ich stehe und wo ich hin möchte.

Wenn ich also mein Herz langsam öffne und sage:

„Ja, komm, Vertrauen, komm, Liebe, und berühre mich!
Ich habe Angst vor den Konsequenzen, ich habe Angst,
dass vielleicht Schmerz auch kommen kann,
aber ich will ganz werden, ich will den Schritt aus der
Isolation wagen und ich werde den notwendigen Kampf, Jihad,
und die Achtsamkeit aufnehmen, um heil zu werden!“

In dem Sinne ist Jihad ein „heilender Kampf“, bis der Zustand der „Seele im Frieden“ erlangt ist.

Möge dieser Monat für uns Gläubige ein Anlass für ein glückliches Leben sein.

Das Konzept des Jihad ist nicht auf die militärische Verteidigung beschränkt. Das zeigt uns folgendes Ereignis:

Ein Mann sagte zum Propheten (ﷺ): „Soll ich am ǧihād teilnehmen?“

Der Prophet (ﷺ) fragte: „Leben deine Eltern?“

Der Mann sagte: „Ja.“

Der Prophet (ﷺ) sagte: „Tu den ǧihād zu ihrem Vorteil (kümmere dich um sie).“ [54]

Übung für den Tag

Wiederhole immer wieder an diesem Tag:

ان لله وان اليه راجعون

Inna lil-llāh wa inna ilayhi rāği'ūn

„Wir gehören Allah und zu Ihm kehren wir zurück!“ (2:156)

Ein Satz, der mir in meiner Orientierung hilft und den Zweck und die Kostbarkeit meiner Existenz aufzeigt.

Wusstest du

Oft wird Jihad fälschlicherweise mit „Heiliger Krieg“ übersetzt. Doch wenn wir den Ausdruck „Heiliger Krieg“ ins Arabische übersetzen würden, würde dies wörtlich übersetzt al-ḥarb al-muqaddasa heißen. Ein Wort, das weder im Koran noch in den Hadithen zu finden ist.

14. RAMADANTAG

KARĀMA

WÜRDE

ولقد كرمنا بني آدم

„wa-laqad karramnā banī ādama"

„Nun haben Wir fürwahr den Kindern Adams Würde verliehen."
(17:70)

„Es ist Gott, der euch zu Stellvertretern auf der Erde gemacht hat und einige von euch um Stufen über andere erhob, damit Er euch durch das prüft, was Er euch erteilt hat." (6:165)

Allah hat uns Menschen mit dem Erkenntnisvermögen, also mit der Fähigkeit des Verstandes, der Reflexion, beschenkt und wir sind daher auch mit der Aufgabe und Konsequenz der freien Wahl beerbt. Darin zeigt uns Allah Sein großes Vertrauen und Seine Zuversicht in uns.

Wir sind uns unseres Selbst und unserer Taten bewusst und tragen daher die Konsequenzen unserer Handlungen. Wenn wir uns zu unserem wahren tiefen Göttlichen Sein hinwenden, mit all dem Ringen, das damit verbunden ist, steigen wir aufgrund unserer bewussten Entscheidung höher als die Engel, und wenn wir uns für unsere Triebe und eigennützigen Ich-bezogenen Bedürfnisse entscheiden, sinken wir tiefer als tierisches Leben.

In dieser bewussten Entscheidung und großen Anstrengung liegt die Würde des Menschen. Stetig, Schritt für Schritt, Atemzug für Atemzug das Ego einnehmend, verwandelnd und mehr und mehr, tiefer und tiefer mit den Göttlichen Eigenschaften sich einfärbend, gelangt der Mensch zu seiner wahren Bestimmung, zu seiner wahren Natur. Dafür ist es wichtig, sich selbst kennenzulernen, um die richtigen und effizienten Methoden anzuwenden, die uns zu unserem wahren Sein, zur Liebe, zum Sinn unserer Existenz führen, zum Großen Geliebten in und um uns und jenseits von allem!

Allah, du hast mir schöne und hässliche Eigenschaften gegeben. Ich danke dir für beide. Denn die schönen erinnern mich an Dich, doch durch die hässlichen, die ich Deinetwegen aufgeben werde, komme ich Dir näher.

Allah hat in uns eine Seele eingehaucht, die von solcher Schönheit, Liebe und Güte durchtränkt ist, dass sie uns den Weg zu Ihm offenbart und uns alle Hindernisse durchschreiten lässt, um wahrlich Seiner Schönheit und Seiner Barmherzigkeit auf Erden Ausdruck zu geben.

Es kam einmal ein Schüler zu seinem geliebten Lehrer und sprach: „Meister, ich habe hier einen Sack Nüsse, würdest du den an die Schüler verteilen?"

Der Lehrer nahm den Sack und fragte: „Soll ich es nach Allahs Gesetzlichkeit verteilen oder nach der menschlichen?"

„Nach Allahs", antwortete der Schüler.

Der Lehrer nahm die Nüsse aus dem Sack und gab manchen zwei Nüsse, anderen fünf und wieder anderen zehn. Der Schüler blickte den Lehrer erstaunt an und dieser sagte lächelnd: „Soll ich sie nach den menschlichen Anrechten aufteilen?"

Der Schüler nickte, die Nüsse wurden eingesammelt und jeder Schüler bekam dieselbe Anzahl an Nüssen.

Gott schuf die Welt aus Gegensätzen, Er schuf ein gottgewolltes Ungleichgewicht, damit ein Miteinander und eine Erkenntnis möglich werden.

In jedem Augenblick erschafft Gott die Welt, täte Er dies nicht, bräche sie in sich zusammen, und so wirkt Er in jeder Erscheinung. Wir Menschen sind das einende Wesen zwischen Himmel und Erde. Der Mensch als Vertreter Gottes auf Erden wurde mit der himmlischen Fähigkeit der Erkenntnis und der irdischen Willensfreiheit beschenkt und kann durch sein Dasein Harmonie und Disharmonie in diese Welt bringen.

Es gibt nichts Überflüssiges auf Erden und es gibt auch keinen Mangel. Nimm nichts weg, füge nichts hinzu, sondern leite das „zu viel" zum „zu wenig", leite alles zu seinem rechten Platz.

Der Mangel zeigt auf das Zuviel, das Zuviel zeigt den Mangel auf. Leite im Namen der Ganzheit das eine dem anderen zu und alles wird gut, denn alles im Leben hat einen Sinn, Subhanallah!

Unsere Würde finden wir Menschen durch unseren Glauben, durch unser Vertrauen, unsere Ergebung in Allah und indem wir uns von den Fesseln der Materie befreien, sie besitzen, aber nicht besessen sind von ihr.

Allah zeigt uns immer wieder, was es bedeutet, in Würde zu leben: *„Oh, ihr, die ihr Glauben erlangt habt! Vermeidet die meisten Vermutungen übereinander, denn, siehe, manche (solcher negativen) Vermutung ist (an sich) eine Sünde und spioniert einander nicht nach und erlaubt euch selbst auch nicht, schlecht übereinander hinter euren Rücken zu reden. Würde irgendeiner von euch das Fleisch seines toten Bruders essen mögen? Nein, ihr würdet es verabscheuen! Und seid Gottes bewusst. Wahrlich, Gott ist ein Reueannehmender (at-tawwāb), ein Gnadenspender (ar–rahīm)."* (49:12)

Der Prophet (ﷺ) sagte: „Keiner von euch darf sich als gläubig ansehen, bis er seinem Mitmenschen auch dasselbe wünscht, was er sich selbst wünscht.“ [55]

Die Großherzigkeit hat ihren innewohnenden Halt in der Würde, einer Würde, die weiß, dass alles von Ihm kommt und zu Ihm zurückkehrt. So ist Großherzigkeit Liebe zur Schönheit im weitesten Sinne und Allah ist Schönheit.

Sieh mit dem Auge deines Herzens auf deine Lebenssituation. Was kann zurechtgerückt, gereinigt und losgelassen werden? Wie sieht dein inneres Haus aus und wie kannst du den Dingen ihren angemessenen Platz geben, wenn du dabei den Sinn und Zweck deines Lebens berücksichtigst? Beachte den Raum deines Herzens und gehe respektvoll und liebevoll mit deiner Seele um. Lass den Wind der Achtung und Würde durch deine Lungen fließen.

Unser spiritueller Weg ist nicht einer, auf dem wir unseren Weg zu Allah finden, sondern einer, auf dem wir alles entfernen, was uns daran hindert, zu sehen, dass wir bereits in Gottes Barmherzigkeit und unendlicher Großzügigkeit sind.

Lebe die Fülle und das Gute, aus dem dein wahres Wesen besteht:
Erwerbe Wissen, tue Gutes, sei gut zu allen Lebewesen
und erlange so deinen Frieden und deine innere Würde.

Übung für den Tag

Gehe heute immer wieder durch den Tag mit „Yā ‘Azīz Yā Allah“.

Al-‘Azīz ist einer der Schönsten Name Allahs, der zwei gegensätzliche Qualitäten vereint, Kraft und Stärke sowie Sanftmut, Kostbarkeit und Milde. Die Kraft und Stärke, die in ihm pulsieren, geben den Rezitierenden die Fähigkeit, ihre Schwächen zu überwinden, indem sie die innewohnende Kostbarkeit, Würde und den Reichtum erkennen, die Gott uns gegeben hat. Es ist durch das Erkennen dieser Ehre, dass wir fähig werden, unsere Würde zu leben und ihr Ausdruck in unserem Leben zu geben. Würde zeigt sich in der Großzügigkeit.

Al-'Azīz hat die Fähigkeit, uns vom Zustand der Kraftlosigkeit, der Schuld und Scham in ein tiefes Selbstwertgefühl zu führen. Dic Wunde der Beschämung und der Erniedrigung kann geheilt werden.

Al-'Azīz gibt uns unser innerstes Wertgefühl wieder und aus diesem wächst die innere Stärke. Zu erkennen, dass unser wahres Selbst, unsere Seele, von unendlicher Kostbarkeit ist, erlaubt uns, uns von der Identifikation mit den Wunden des Ichs zu befreien.

Gleichzeitig erlaubt Al-'Azīz uns, unsere sanfte Natur damit zu verbinden. Denn wer weiß, dass sie oder er kostbar ist, kann sanft sein. Eine Sanftheit, die auf innerer Stärke ruht.

Wusstest du

König und Prophet

Sulayman, Salomon, war nicht nur ein Prophet Gottes, Friede sei mit ihm, sondern auch ein König. Schon in jungen Jahren zeigte er große Weisheit und Geschick.

Als König regierte er ein Gebiet, das sich vom heutigen Palästina bis zum heutigen Jemen erstreckte. Er wurde von seinem Volk geliebt und respektiert. Sein Königreich gedieh und erwarb großen Reichtum.

Als König führten ihn seine Handlungen manchmal von Allah weg, so wie unsere eigenen Erfolge im Leben uns oft von Gott wegführen, weil wir glauben, dass wir allein recht gut zurechtkommen, wenn wir an unseren eigenen unabhängigen Erfolg glauben.

Auf dem Höhepunkt seiner weltlichen Macht begann er, abgelenkt zu werden: *„Damals, als ihm die leichtfüßigen Rennpferde vorgeführt wurden, sprach er: ‚Siehe, aus Liebe zum irdischen Gut versäumte ich es, meines Herrn zu gedenken'."* (38:31-32)

Salomon fing an, mehr Interesse an Pferden und den Dingen dieser Welt zu zeigen, anstatt sich um sein Volk und die Hingabe an seinen Herrn zu kümmern. In dieser Zeit verlor er einen Teil seines Königreichs.

Salomon wurde wachgerüttelt: *„Wir stellten Salomon auf die Probe, indem Wir einen (leblosen) Körper auf seinen Thron setzten, daraufhin wandte er sich demütig zu Uns hin."* (38:34)

Salomon erkannte, dass der König, der auf dem Thron sitzt, ohne die Macht und Verbundenheit zu Allah nur ein leerer, lebloser Körper war. Dies war ein Wendepunkt in Salomos Leben und er erlangte seine Verbundenheit und Ergebung an Allah wieder zurück.

Mögen wir Allahs erweckende Zeichen stets erkennen, wenn wir in die Vergesslichkeit und Illusion der Getrenntheit verfallen und mögen wir erkennen, dass wir nur in Gott unser wahres Glück, den Erfolg und die Würde unseres Lebens finden können.

Der Prophet Salomon, Friede sei mit ihm, sagte über Allahs große Gunst an ihm: *„Dies geschieht durch die Gnade meines Herrn, um mich zu prüfen, ob ich dankbar oder undankbar bin. Und wer dankbar ist, der ist dankbar zum Heil seiner eigenen Seele; wer aber undankbar ist – siehe, mein Herr ist auf keinen angewiesen, großzügig."* (27:40)

15. RAMADANTAG

AL-H̱ALQ

SCHÖPFUNG

Allahs Gesandter (ﷺ) sagte: „Es gibt niemanden unter den Muslimen, der einen Baum pflanzt oder Samen sät, und dann ernährt sich ein Vogel oder eine Person oder ein Tier davon, ohne dass es als wohltätiges Geschenk für ihn angesehen wird.“ [56]

Allah ist der Schöpfer des Universums und das Licht der Himmel und der Erde (vgl. 24:35). Er ist Al-Ḥaqq, die einzige absolute, transzendente Realität, die alle Unterschiede im Ozean seiner Liebe vereint.

In diesem gesegneten Monat Ramadan ist es besonders wichtig, uns der Wunder, die uns umgeben, bewusst zu werden, unsere Sinne für Sein ewigseiendes Licht, an-nūr as-sarmadīy, zu sensibilisieren.

Wenn wir fasten und nichts Materielles zu uns nehmen, nichts von der Erde zu uns nehmen, ist dies ein Aufruf, uns mit dem himmlischen Teil, dem nicht direkt Offensichtlichem in uns und um uns, Zeit und Raum zu geben.

Die Natur, die Welt kann ein großer Ort der Ablenkung, der Zerstreuung und des ewigen Suchens nach Amüsement sein, daher ein Feind für uns, der uns in den Zustand der ghafla, des Halbschlafs, versetzt.

Doch die Welt kann auch ein Ort der Erinnerung, des dhikrs, für uns sein, ein Ort des idrāk, des Verstehens, und der maʿrifa, der Erkenntnis.

In unserer Seele finden wir die Glückseligkeit – im Ich, im Nafs, stets nur das Vergnügen.

Sind es nicht Allahs Güte, Liebe und Licht, die die Nacht in den Tag eingehen lassen, die die Blumen zum Erblühen inspirieren, die die Vögel durch die Lüfte reisen lassen, die die Bäume entblößen, um sie wieder mit Knospen und Blättern zu bekleiden? Ist es nicht Allah, der Sehnsucht in die Keime legt, so dass sie ihren Weg durch das Erdreich bahnen? Ist es nicht Allah, der die Planeten und Sterne in ihren Bahnen bewegt und den Bergen die Kraft gibt, sich zu erheben? Ist es nicht Allah, der Barmherzigkeit in die Herzen der Mütter legt, ob Mensch oder Tier, damit sie sich um ihre Kinder kümmern, sie nähren und schützen?

„Und (sind sie nicht gewahr, dass) Wir feste Berge auf Erden errichtet haben, damit sie nicht mit ihnen schwankt, und (dass) Wir darauf breite Pfade eingerichtet haben, auf dass sie ihren Weg finden mögen, und (dass) Wir den Himmel als ein wohlgesichertes Dach errichtet haben. Und doch wenden sie sich starrköpfig von (all) den Zeichen dieser (Schöpfung) ab.“ (21:31-32)

Imam Ali wurde gefragt: „Was ist Schöpfung?“

Er antwortete: „Es ist wie der Staub in der Luft, er wird nur sichtbar, wenn das Licht Allahs darauf trifft.“

Immer wieder lesen wir im Koran, dass es so etwas wie unbelebte Materie eigentlich gar nicht gibt. Alles besteht aus lebendiger Materie und alles steht in einer Gottesbeziehung: *„Bist du nicht gewahr, dass sich vor Gott alle (Dinge und Wesen) niederwerfen, die in den*

Himmeln sind, und alle, die auf Erden sind – die Sonne und der Mond und die Sterne und die Berge und die Bäume und die Tiere." (22:18)

Es gibt ein harmonisches Gleichgewicht zwischen Mensch, Natur und Schöpfung. Doch Disharmonie entsteht immer, wenn der Mensch sich zunehmend unabhängig von Gott und der Natur begreift. So nehmen wir uns aus der lebendigen Beziehung heraus und werden zu ausbeutenden, aggressiven, gierigen Wesen, die nach Eigennutz und Gewinnsucht streben.

Wenn Allah im Koran sagt: *„Ich bin dabei, auf Erden einen Statthalter einzusetzen"*, fil-arḍi ẖalīfa (2:30), so werden wir, Frauen und Männer, als Verwalterinnen und Verwalter eines uns anvertrauten Gutes, \`amāna, eingesetzt. Allah ist nie abwesend: *„Wahrlich Sein ist alle Schöpfung und aller Befehl."* (7:54)

Als Allah dies den Engeln verkündete, sagten sie: *„Willst Du auf ihr einen solchen einsetzen, der darauf Verderbnis verbreiten und Blut vergießen wird?" Gott antwortete: „Wahrlich, Ich weiß, was ihr nicht wisst,"* (2:30), mā lā ta'lamūn. Allah antwortete nicht: „Das ist falsch, was ihr sagt, ihr irrt euch."

Es stimmt, wir haben diese Seite, wir leben in einer dualen Welt, wo Dunkelheit und Licht herrschen, und wir tragen dieses Potenzial auch in uns.

„Wahrlich, Wir haben das Anvertraute den Himmeln und der Erde und den Bergen dargeboten, aber sie weigerten sich, es zu tragen, weil sie Angst davor hatten. Doch der Mensch nahm es auf sich, denn wahrlich, er war immer geneigt, höchst ruchlos und ignorant zu sein." (33:72)

Der moralischen Verantwortung, zu unterscheiden zwischen Gut und Übel, sind wir nur dann gewachsen, wenn wir Menschen uns für Allahs Liebe und Führung, hudā, öffnen. Dann können wir das werden, was wir wahrlich sind, tief friedliebende, harmonische Wesen.

Unsere bewusste Bindung an Allah, taqwa, mit unseren Gedanken und unseren Gefühlen, ist deswegen so wesentlich, ja lebensnotwendig, wie auch auf die stete Sehnsucht des Herzens nach der Unendlichkeitserfahrung, nach der Liebe Allahs, achtzugeben.

Dafür ist es wichtig, in Beziehung zu sich selbst, zu seinen Mitmenschen, zu Pflanzen, zu Tieren, zur Schöpfung an sich und damit zu Gott zu stehen. Es gilt, diese Beziehungen in Gerechtigkeit und Würde zu gestalten. Unsere Achtsamkeit und Liebe jedem gemäß den jeweiligen Bedürfnissen zu geben.

Allah rüttelt uns auch wach, wenn Er sagt: *„(Da ihr Gott vergessen habt) ist Verderbnis auf dem Land und im Meer erschienen als ein Ergebnis dessen, was die Hände der Menschen gewirkt haben: und so wird Er sie (das Übel von) manchen ihrer Taten kosten lassen, auf dass sie (zum rechten Pfad) zurückkehren mögen."* (30:41)

Achtsamkeit gegenüber der Schöpfung bedeutet, unserer Liebe, unserer von Allah gegebenen Beschaffenheit, unserer Ehrerbietung Ausdruck zu geben und Verantwortung gegenüber der Schöpfung zu übernehmen.

Durch das Betrachten und Beobachten, das „Lesen" der Schöpfung in den mannigfachsten Formen, wird der gläubige Mensch an die Macht und Schönheit unseres Schöpfers erinnert und im Glauben gestärkt: *„Wahrlich, in der Schöpfung der Himmel und der Erde und in der Aufeinanderfolge von Nacht und Tag sind fürwahr Botschaften für alle, die mit Einsicht versehen sind."* (3:190)

Das Gebot der Barmherzigkeit, raḥma, das Verbot der Verschwendung, isrāf, und der Destruktion, fasād, sind islamische Grundprinzipien.

Unser geliebter Prophet (ﷺ) lehrte uns mit so vielen Beispielen, achtsam mit unserer Umwelt, mit allem, den Tieren, den Pflanzen umzugehen.

Er (ﷺ) lehrte uns, achtsam mit den Ressourcen umzugehen, wie zum Beispiel beim Wasser, auf Sauberkeit, nadafa, zu achten und Tiere nicht zu quälen:

Der Prophet (ﷺ) sagte: „Eine Frau wurde wegen einer Katze bestraft, die sie bis zu ihrem Tod gefangen hielt. Wegen (ihrer Misshandlung) der Katze kam sie ins Höllenfeuer. Sie fütterte sie nicht und gab ihr kein Wasser, während sie sie gefangen hielt, noch ließ sie sie heraus, damit sie die Dinge frisst, die auf der Erde kriechen." [57]

Einen Baum zu pflanzen gilt als eine fortwährende Spende (ṣadaqa ǧāriya).

Übung für den Tag

Wiederhole während deiner Tätigkeiten, während du die kleinen und großen Dinge um dich bewunderst, immer wieder

لا إله الا الله

„lā ilāha illa llāh, lā ilāha illa llāh, lā ilāha illa llāh …"

Wusstest du

Der Begriff „Natur", auf Arabisch bī'a oder ṭabī'a – als umfassender Begriff für Flora und Fauna, kommt im Koran nicht vor. An seine Stelle wird der Begriff „Schöpfung", al-ḫalq, also das Werk des Schöpfers beschrieben. Dieses Wort aus der Wortwurzel ḫ-l-q kommt im Koran an 259 Stellen vor.

16. RAMADANTAG

QALB

HERZ

„Oh, unser Erhalter, lass unsere Herzen nicht von der Wahrheit abweichen, nachdem Du uns rechtgeleitet hast und erteile uns das Geschenk Deiner Gnade, wahrlich, Du bist der Spender aller Gnaden (Al-Wahhāb).“ (3:8)

Der Gesandte Allahs (ﷺ) sprach: „Allah, der Allmächtige, sagte: ‚Oh Kind Adams, solange du Mich anrufst und nach Mir fragst, werde Ich dir vergeben, was du getan hast, und es wird Mir nichts ausmachen. Oh Kind Adams, wären deine Sünden so groß, dass sie die Wolken des Himmels erreichen, und würdest du Mich dann um Vergebung bitten, würde Ich dir vergeben. Oh Kind Adams, würdest du mit Sünden zu mir kommen, die fast so weit sind wie die Erde, und wenn du Mir dann gegenüberstehst und mir keinen Partner zuschreibst, werde Ich dir Vergebung bringen, die fast so groß ist wie sie.‘“ [58]

Das arabische Wort für Herz ist qalb, das von einem Wurzelwort stammt, das auch „sich hin- und herdrehen“, „die Richtung ändern“ und „zurückkehren“ bedeutet.

Unser geliebter Prophet (ﷺ) erklärte uns: „Gebt acht auf ein Stück Fleisch in euren Körpern. Wenn dieses Stück rein ist, so ist der ganze

Körper rein. Wenn dieses Stück aber verdorben ist, so ist der ganze Körper verdorben. Dieses Stück Fleisch ist das Herz.“ [59]

Als sich unsere Seele in unserem Körper manifestierte, entstand unser Ego, unser Nafs. Es wurde von der Seele abgespalten und mit dem freien Willen verbunden. Zwischen die Seele und dem Körper legte Allah ein Organ, das mit einer Seite mit der Seele verbunden ist und mit der anderen Seite mit dem Körper: unser Herz. Das Herz wendet sich also hin und her zwischen den feinen Wünschen der Seele und den weltlichen Wünschen des Körpers, der unter dem Einfluss des Egos steht.

Der Koran zeigt uns beide Seiten auf: *„Er ist es, der euch aus Ton erschaffen hat,“* (6:2) und Allah sagt: *„[…] von Meinem Geist eingehaucht.“* (15:29)

Beide Seiten üben eine Anziehungskraft auf das Herz aus, doch das Herz hat seine wahre Liebe nie vergessen, die Liebe zu Allah.

Wir alle kennen die Sehnsucht, die an unseren Herzen nagt. Zu oft wird es als psychologisches Problem angesehen, als Resultat einer unglücklichen Ehe oder als Mutter- oder Vaterkomplex.

Doch die Sehnsucht im Herzen hat stets nur den einen Grund: Es ist die Sehnsucht, zum Ursprung zurückzukehren, zu Allah.

Es ist jene Liebe im Herzen, die stets diese Welt mit dem Unendlichen verbinden möchte.

Wenn das Herz „bismillāh ar-raḥmān ar-raḥīm“ spricht, ruft es aus: „Durch Deinen Namen entsteht und ist Alles! Mit Deiner Barmherzigkeit und Gnade umhüllst du all unsere unvollkommenen Taten und ziehst uns in Deine Liebe.“

Aus dieser Güte kommt unser Dasein, all die Bedingungen und Voraussetzungen, die dieses ermöglichen. Vergiss nicht all die Gaben, mit denen du beschenkt bist, noch schreibe sie dir selber zu, denn weder hast du den Baum noch das Wasser erfunden.

Wenn das Herz „al-ḥamdu lil-llāhi rabb al-'alamīn", „Aller Preis gilt dem Herr [60] der Welten", spricht, ruft es aus: „Oh, Allah, lehre mich, Dich zu preisen!" So wie der Prophet Abraham, Friede sei mit ihm, Allah gebeten hat: *„Lass mich beständig das Gebet verrichten."* (14:40) Denn er wusste, dass alles nur durch Seinen Willen geschehen wird und kann.

„Er gibt euch von allem, worum ihr Ihn bittet, und solltet ihr versuchen, Gottes Segnungen zu zählen, ihr könntet sie nie berechnen." (14:34)

In Seiner unergründlichen Weisheit und Liebe erfüllt Allah jeden Wunsch, vorausgesetzt, dieser ist dem Menschen wahrlich nützlich.

Preisung, ḥamd, ist tiefer als Dank, šukr, es ist zufrieden sein mit allem, was kommt, denn alles kommt von Ihm. Es bedeutet: „Oh, Allah, ich bin zufrieden mit allem, was Du mir gibst!" Dass wir Menschen in diesen Zustand der Akzeptanz kommen, ist ein Geschenk von Ihm.

Wir können nur lernen, uns Schritt für Schritt, Herzschlag nach Herzschlag, bedingungslos in Gottes Hände zu begeben.

„Sind sie denn niemals auf der Erde umhergereist, um ihr Herz Weisheit erlangen und ihre Ohren hören zu lassen. Doch wahrlich, es sind nicht ihre Augen, die blind geworden sind, sondern blind geworden sind ihre Herzen, die in ihren Brüsten sind!" (22:46)

Denn im Gedenken Allahs liegt das Selbstvergessen. Die Wurzelbedeutung des Wortes Mensch, insān im Arabischen, beinhaltet zwei essenzielle Bedeutungen: „der, der vergessen hat", von nisyān, aber auch uns, „intime Nähe und Vertrautheit zu Allah".

Der Mensch trägt in sich die Vergesslichkeit, aber auch das Urwesen der Nähe zu Allah. So liegt im Organ Gehirn, das ständig mit den weltlichen Angelegenheiten überflutet wird, die Vergesslichkeit, und in unserem Organ Herz, das tief mit unserem wahren Sein verbunden ist, das Gedenken Allahs.

Allah sagt uns: „*Wahrlich, im Gedenken, dhikr, Gottes finden die Herzen (der Menschen) Ruhe und Sicherheit.*“ (13:28)

Besonders im Monat Ramadan, wenn das Ego, das Nafs, durch das Fasten geschwächt ist, und wir unsere Zeit mit Gedenken, dhikr, verbringen, stärken wir unsere Willenskraft, bekräftigen wir den Teil in uns, der die Sehnsucht und die Liebe in sich trägt, unser Herz, festigen unsere Schritte auf unserem Glaubensweg und nehmen Allahs liebevolle Führung bewusster auf.

Das äußere Fasten legt den Grundstein für das innere und herzbasierte Fasten, indem es die körperliche Stärke des Egos schwächt.

Je tiefer wir Allahs Liebe und Führung spüren, desto stärker wird die Führung unseres Herzens. Wenn das Herz sein Licht auf den Verstand ausweitet, beginnt die vertrauensvolle Ergebung.

Durch den Herzensdhikr, dem Gedenken Allahs, beginnt die große Verwandlung. Die Schleier der Gier, der Arroganz, des Neides, der Eifersucht, der Furcht, nicht genug zu haben oder zu können, des Selbsthasses und der Angst, zu sterben, fallen nacheinander ab.

Der Gesandte Allahs (ﷺ) sagte: „Wer das Gewicht eines Senfkorns des Stolzes in seinem Herzen hat, wird das Paradies nicht betreten.“

Einer der Zuhörer sagte: „Wahrlich, (ist es Stolz) wenn eine Person es liebt, dass ihre Kleidung und ihre Schuhe in Ordnung sind?“

Da antwortete er (ﷺ): „Wahrlich, Allah ist gnädig und liebt die Gnade. Stolz bedeutet, die Wahrheit (aus Selbstgefälligkeit) und aus Verachtung für die Menschen zu verbergen.“ [61]

DENKE AN DEN TOD UND LEBE BEWUSST!

LEBE IN LIEBE UND TUE DEINE ARBEIT!

MEISTERE DEINE WORTE UND LASS JEDES AUS DEINEM HERZEN KOMMEN!

NIMM NUR ALLAH IN DEINEM HERZEN AUF UND DU BIST GANZ.

Es ist unser dhikr, die Wiederholung der Namen Allahs, die unsere Medizin sind, die unsere bedürftigen, gekränkten und verwundeten Teile heilen.

Der Gesandte Allahs (ﷺ) sagt: „Reinheit ist die Hälfte des Imans (Glaubens), al-hamdu lillah (alles Lob und Dankbarkeit gehören Allah) füllt die Waage und ,subhana llah und al-hamdu lillah (alles Lob und Dankbarkeit gehören Allah) füllen das, was zwischen Himmel und Erde ist.“ [62]

Allah ruft uns immer wieder durch Seinen Koran, die Kräfte der Trennung in uns und um uns zu lösen.

Wenn du den Koran liest, so nimm die Zeit, seine Botschaft zu verstehen, nimm die Zeit, sodass du deine Haltung, deine Worte und deine Handlungen mit Allahs Botschaft färbst.

Allah ruft uns auf, an Ihn zu glauben, und Seine liebenden Dienerinnen und Diener auf Erden zu sein. Dann folgen wir dem Weg des geliebten Prophet Muhammad (ﷺ) und allen Propheten vor ihm, Friede sei mit ihnen.

Achtsam mit den Herzen anderer umzugehen, ist ein essenzielles Benehmen. Wenn wir sprechen, sollten wir dies stets in unserem Bewusstsein behalten, und am besten üben wir das, wenn wir uns beim Reden nicht auf den Verstand des anderen als Ansprechpartner fokussieren, sondern auf das Herz des anderen. Denn jede Grausamkeit fällt auf unser Herz zurück: *„Das, was sie erwerben (an Übel), zersetzt ihre Herzen.“* (83:14)

Wenn die Herzensverbundenheit mit Allah wächst, vermehren sich auch die Barmherzigkeit und Großzügigkeit in uns, und unsere Geduld und Ausdauer werden gestärkt.

Der große islamische Gelehrte Al-Ghazali (1055 - 1111) erklärt das Herz nicht nur als das Organ der Gotterkenntnis, sondern auch als das Organ der Weisheit.

Um uns Allahs Güte, Liebe und Vergebung zu zeigen, sprach Al-Amin (ﷺ): „Gott streckt nachts seine Hand aus, damit diejenigen, die tagsüber Böses getan haben, Buße tun und Er streckt tagsüber seine Hand aus, damit diejenigen, die nachts Böses getan haben, Buße tun, bis (die Zeit kommt, in) der die Sonne im Westen aufgeht.“ [63] Ewig ist Allahs Gnade und Liebe zu uns Menschen.

Allah hat uns diesen besonderen Monat gegeben, denn nur Er weiß, was wahrlich gut für uns ist: *„Denn zu fasten, ist, euch selbst Gutes zu tun, wenn ihr es nur wüsstet.“* (2:184) und *„[…] dass ihr Allah dafür lobpreist, dass Er euch rechtgeleitet hat, Vielleicht werdet ihr dankbar sein.“* (2:185).

Das einmonatige Fasten soll keine Not sein, sondern die Dankbarkeit im Herzen des Gläubigen fördern, denn Allah hat den Menschen göttliche Führung durch den Koran gesandt.

Und Allah möchte, dass wir durch unsere eigene Erfahrung erkennen, was es heißt, hungrig und durstig zu sein, damit wir ein echtes Verständnis für die Bedürfnisse der Armen entwickeln.

Die Demut, die wir bei der Feststellung erfahren, wie schnell wir ohne Nahrung und Wasser erschwachen, nimmt die Illusion der Unbesiegbarkeit, in die sich das Ego verstrickt.

Das Herz ist ein Bote des Himmels und sehnt sich daher immer nach seinem Ursprung zurück, der Verstand ist ein Kind der Welt und bindet uns an sie.

Wenn wir dem Herzen folgen, finden wir den Weg nach Hause, vom Exil in die Heimat. Erlauben wir dem Verstand, Mauern vor unserem Herzen aufzubauen, verstricken wir uns in unseren weltlichen Trieben und stürzen wir uns in die Dunkelheit des Vergessens: *„Und seid nicht wie jene, die Allah vergessen und die Er deshalb vergessen lässt (was gut ist für) sie selbst.“* (59:19)

Zu erkennen, dass alle Manifestation Rückkehr zum Einen ist, alle Trennung Vereinigung ist, dass alles andere das Selbige ist, dass alle Fülle die Leerheit ist. Eine solche Betrachtungsweise bedeutet, Allah überall zu sehen.

Die Botschaft der Liebe hat kein Ende. Wahrlich, die Liebe selbst ist Heilerin ihrer eigenen Wunden.

„Am Tage, an dem weder Vermögen noch Kinder helfen, sondern nur (glücklich sein wird), der vor Allah mit einem reinem Herzen (frei von Übel) kommt!" (26:88-89)

Möge Allah in Seiner unendlichen Liebe und Gnade
stets unsere Herzen halten.

Übung für den Tag

Wiederhole aus der tiefen Intimität deines Herzens:

سبحان الله وبحمده سبحان الله العظيم

subḥāna llāh wa bi-ḥamdih subḥāna llāh al-ʻaḏhīm.

„Gepriesen sei Allah und alles Lob gebührt Ihm,
gepriesen sei Allah, der Großartige."

Der bekannte muslimische Gelehrte Al-Ghazali (1055 - 1111) unterscheidet zwischen dem Fasten der allgemeinen Bevölkerung (arabisch: ʿawām), dem Fasten der Besonderen beziehungsweise der Auserwählten (arabisch: ḫawāṣ) und dem Fasten der Besonderen unter den Besonderen bzw. der Auserwählten unter den Auserwählten (arabisch: ḫawāṣ al-ḫawāṣ).

Das Fasten der Allgemeinheit beschränkt sich auf äußere Aspekte, das heißt, nicht zu essen, zu trinken und keinen Geschlechtsverkehr zu haben.

Das Fasten der Auserwählten ist darüber hinaus ein Fasten der Ohren, der Augen, der Zunge, der Hand, des Fußes und anderer Organe vor der Untugend.

Das Fasten der Auserwählten unter den Auserwählten ist über diese Stufen des Fastens hinaus das eigentlich Anzustrebende: das Fasten des Herzens.

Dies geschieht, wenn das Herz an Gott gebunden ist, von göttlicher Liebe und Barmherzigkeit ergriffen und erfüllt ist. Das Herz ist dann frei von allen negativen Emotionen wie Hass, Neid, Gier, Hochmut usw., es erkennt das Gute in den Dingen und ist immer im Einsatz für das Gute.

17. RAMADANTAG

RIḌĀ’

ZUFRIEDENHEIT

„Oh, du Mensch, der inneren Frieden erlangt hat, kehre du zurück zu Deinem Herren, wohlzufrieden rādiya (und Ihn) zufriedenstellend mardiyya, gehe denn ein zusammen mit Meinen (anderen wahren) Dienern, ja gehe ein in Mein Paradies.“ (89:27-30)

Allah weiß, dass wir Menschen vergessliche Wesen sind und daher hat Er uns einen ganzen Monat gegeben, in dem wir Selbstreflexion ausüben können und dadurch Muster und Methoden, die wir uns zugelegt haben und die uns aber nicht dienen oder nicht mehr dienen, aufzugeben, um neue Möglichkeiten zu schaffen.

Der Monat Ramadan ist wie eine Zeit, in der ich mein Glas leere, um es dann bewusst mit dem Wesentlichen zu füllen. Denn diese einmonatige Zeit soll, inshallah, wenn Gott es will und uns die Kraft und himma, die Hochherzigkeit, und das Streben dazu gibt, ein Aufbruch sein zu einer tieferen Verbindung zu Allah und zu unserer wahren Natur.

Während des Ramadan verbringen wir mehr Zeit damit, das zu tun, wofür wir geschaffen wurden: Gott anzubeten, den Armen zu dienen, unser Ego zurückzuhalten, unsere menschlichen Werte in uns zu verbessern, mehr von Gottes Liebesqualitäten zu reflektieren und in Gemeinschaft zu sein, was dazu führt, dass wir erfüllter und zufriedener sind.

Denn trotz der Schwierigkeiten, die viele Muslime erleiden müssen, ist der Monat Ramadan eine der freudigsten und kostbarsten Perioden des Jahres.

Zufriedenheit, riḍā', ist ein kostbares Gut. Riḍā' bedeutet Zufriedenheit, bei Unglücken keine Wut, keine Entrüstung oder Kränkung zu zeigen, sondern das Schicksal friedfertig zu akzeptieren. Anders ausgedrückt: riḍā' bedeutet, keine Furcht oder Ablehnung vor den Dingen und Ereignissen zu haben, die normalerweise mit Schrecken und Entsetzen assoziiert werden. Es bedeutet, eine vertrauensvolle Akzeptanz allen Ereignissen, die uns Allah gibt, entgegenzubringen, ob sie nun angenehm sind oder nicht.

„Und es gibt eine Art Mensch, der willig sich selbst verkaufen würde, um Gott wohlzugefallen, mardāt, und Gott ist höchst mitfühlend mit Seinen Dienern." (2:207)

„Sich selbst verkaufen" bedeutet, danach zu streben, die eigenen Vorstellungen und Erwartungen, die persönlichen Interessen aufzugeben, wenn die Befolgung von Gottes Willen dies verlangt.

„Oh, Allah, bist Du zufrieden mit mir?", betete ein Mann und hinter ihm fragte ihn jemand: „Bist du denn zufrieden mit Ihm, dass Er zufrieden sein kann mit dir?"

Da erwiderte er erstaunt: „Wie soll ich mit Ihm zufrieden sein, wo ich doch Seine Zufriedenheit ersehne?"

Und die Antwort kam: „Wenn deine Freude mit dem Unglück, der Freude mit dem Glück gleicht, dann bist du zufrieden mit Ihm!"

Übe Dankbarkeit, šukr, denn sie nimmt die Last der Unzufriedenheit vom Herzen. Übe Vertrauen in Gott, tawakkul, denn es gibt deiner Seele Richtung und hilft dir im Balanceakt zwischen den Zeiten der

Anstrengung und der Selbstbeherrschung und den Zeiten des Loslassens und der Nachsicht. Übe Zufriedenheit, riḍā´, denn sie gibt deiner Seele Frieden.

In jedem Stadium unseres Lebens werden wir mit verschiedenen Herausforderungen oder Problemen konfrontiert. Wir werden so oft und immer wieder mit demselben Problem konfrontiert, bis aus uns die Lösung wächst und wir einen Hinweis bekommen für das nächste Stadium. So bette dich ein in dem Gedanken, dass hinter der härtesten Hand des Moments die sanfteste Hand der Unendlichkeit ruht, dass hinter der bitteren Medizin die süße Hand der Heilung steht.

Das Bittere und das Süße sind großmütige Geschenke Allahs, einmal als Prüfung gegeben, einmal als gerechte Strafe oder Konsequenz, wahrlich immer als Möglichkeit, als Heilmittel auf dem Weg der Reife, der Freiheit und Vollkommenheit.

Wenn der Tag kommt, an dem die Schleier gehoben werden und die Weisheit hinter unseren Schwierigkeiten aufgezeigt wird, werden wir uns auflösen, überwältigt von der Liebe zu Allah.

Die tiefe Gnade, die in der Zufriedenheit lebt, öffnet das Herz für Den, Der sie erweist und erweitert den Geist mit einem Hauch des Wissens um Seinen Göttlichen Plan.

OH, ALLAH, ÜBERSEHE UND SPRECHE MICH LOS VON MEINEN MIR SELBST ZUGEFÜGTEN ERNIEDRIGUNGEN UND LEHRE MICH, ZU LIEBEN.

Wer die Süße des Glaubens kosten möchte, muss Liebe und Ergebung vereinen. Er hat dich erschaffen, damit du das Göttliche in dir erweckst, so sei nicht niedrig. Er hat dich erschaffen, damit du frei bist, so sei nicht Gefangener deiner Triebe. Befreie dein Ich von allem Niedrigen und bringe es zurück, wo sein Heimweh gestillt wird. Gib ihm den Duft zurück und lass es eingehen: *„Gehe denn ein zusammen mit Meinen (anderen wahren) Dienern, ja gehe ein in Mein Paradies.“* (89:30)

Gepriesen sei Allah, Er schenkt uns Konflikte, Probleme, Krisen, Herausforderungen und Grenzen, um etwas im Inneren zu entwickeln, um unser wahres Wesen aufzudecken, um etwas herauszufinden, ein Wissen, das wesentlich ist für uns. Mit dem Leid des Egos öffnen sich die persönlichen Aushöhlungen und Vertiefungen für die Wasser der Unendlichkeit und wir nehmen in unserer endlichen Gestalt auf geheimnisvolle Weise Anteil am Unendlichen. Das isolierte Becken erfährt Brüche und Ritzen, durch die das Wasser des Ozeans einzufließen beginnen.

Das Becken beginnt, den Geschmack des Ozeans zu kosten, und kann sich mutig dem Großen Wasser ergeben. Seinen Rhythmus erfahrend, Sein Liebesrauschen hörend wird das Becken ganz und ein Teil der Ganzheit. So lass täglich das Wasser des Ozeans dich berühren durch deine Gebete und deinen dhikr.

Übung für den Tag

الله معي   الله ناظر الي   الله قادر علي

Allāhu ma'ī - Allāhu nāḏhirun `ilayya - Allahu qādirun 'alayya

Allāhu ma'ī: „Allah ist stets mit mir. Er schenkt mir Sehnsucht nach Ihm."

Allāhu nāḏhirun `ilayya: „Allah sieht mich in allem. Er gibt mir Achtsamkeit und Behutsamkeit in all meinem Tun."

Allāhu qādirun 'alayya: „In Allahs Allmacht liegt mein ganzes Sein. Er schenkt mir Hingabe und Zufriedenheit mit allem, das ist."

Drei Dinge halte im Herzen: Wenn du einem Menschen nicht helfen kannst, dann achte darauf, dass du ihm nicht schadest, wenn du ihm nicht Freude bereiten kannst, dann achte darauf, dass du ihm nicht Schwere bringst, und wenn du ihn nicht loben kannst, dann achte darauf, dass deine Zunge nichts Schädliches über ihn sagt.

Aussagen des Propheten (ﷺ) über das Trinken:

Der Prophet (ﷺ) sagte: „Wenn eine Stubenfliege in das Getränk von jemandem von euch fällt, sollte er sie ganz (in das Getränk) eintauchen, bevor er sie herausnimmt, denn einer ihrer Flügel hat eine Krankheit und der andere hat das Heilmittel für die Krankheit.“ [64]

Der Gesandte Allahs (ﷺ) trank in drei Schlucken. [65]

Der Gesandte Allahs (ﷺ) sagte: „Wer andere mit Trinkwasser bedient, sollte der Letzte sein, der selbst trinkt.“ [66]

Anas berichtete, Allahs Gesandter (ﷺ) missbilligte das Trinken von Wasser im Stehen. [67]

Allahs Gesandter (ﷺ) sagte: „Wenn ein Hund aus dem Utensil von irgendjemandem von euch trinkt, ist es wichtig, ihn sieben Mal zu waschen.“ [68]

Man soll nicht in ein Trinkgefäß pusten oder darin Luft ausatmen, weil der Prophet (ﷺ), wie Ibn Abbas berichtete, untersagt hat, dass man in den Becher oder in das Gefäß atmet. [69]

18. RAMADANTAG

WAQT

ZEIT

„Und es gibt kein lebendes Geschöpf auf Erden, das für seine Versorgung nicht von Gott abhängt; und Er kennt seine Zeitfrist (auf Erden) und ihre Ruhestatt (nach dem Tod): all dies ist in (Seiner) klaren Bestimmung niedergelegt." (11:6)

Der Monat Ramadan mit seiner Segensfülle, göttlicher Barmherzigkeit und seinen Vorzügen geht rasch vorbei.

Allah gab uns einen besonderen Monat, in dem die Zeit besonders kostbar ist. In diesem Monat werden die guten Taten vervielfacht gewertet und die schlechten Taten ausgelöscht.

So viele Gaben haben wir von Allah bekommen und eine wesentliche ist die Zeit. Wir halten Ihm unsere Endlichkeit auf dieser Welt hin und Er beschenkt uns mit Ewigkeit.

Allah sagt uns im Koran, wie wesentlich Zeit ist und wie wir sie verwenden sollen: *„Betrachte das Verfliegen der Zeit. Die Menschen sind wahrlich in Verlorenheit. Ausgenommen jene, die glauben und einander das Gute und die Geduld anraten."* (103:1-3)

In der Hektik des Alltags kommt es immer wieder vor, dass wir den eigentlichen Sinn des Daseins aus dem Blick und dem Herzen verlieren. Obwohl das Herz nie die Liebe Allahs vergessen hat, kann das äußere Leben uns so ablenken, dass wir die sehnsuchtsvolle Stimme des Herzens überhören.

Allah kennt unsere Schwächen, unsere Tendenz zur Trägheit, Gier und Vergesslichkeit. Er weist auf unsere Schwächen hin: *„Die sich von Geschwätz und nutzlosen Dingen abwenden."* (23:3)

Er weiß, dass wir immer wieder dazu neigen, unsere wahre friedliebende, gütige innere Natur in den Kämpfen des Alltags zu vergessen bzw. glauben, ignorieren zu müssen. Unsere Anhänglichkeit an das äußere Leben hat Wolken aufkommen lassen zwischen uns und dem Licht der Wahrhaftigkeit: *„Abgelenkt hat euch das Streben nach mehr und mehr, bis ihr in eure Gräber niedergeht."* (102:1-2)

Was gab uns Allah? Er gab uns einen Monat im Jahr, in dem unser eingeprägter Rhythmus, unsere eingefahrenen Anpassungen, unsere herkömmlichen Gewohnheiten abrupt unterbrochen werden. Obwohl der Monat Ramadan ein zehrender und anstrengender Monat ist, ist er doch für viele Muslime der schönste und freudigste Monat des Jahres.

Es ist ein Monat, in dem wir die Zeit dafür verwenden, wofür wir geboren worden sind:

Allah anzubeten und Ihm auf dieser Welt zu dienen, indem wir die Armen und Einsamen unterstützen, unser Ego kontrollieren, die Menschen in Liebe zusammenbringen, um gemeinsam dankend von Seinen unendlichen Gaben zu schöpfen.

Allahs Worte, den Koran, reflektierend zu lesen und uns Zeit zu nehmen, zu sehen, wo wir stehen und wie wir unsere Lebenszeit nutzen, um das abzulegen, was nicht von Nutzen ist und das anzunehmen, was uns fördert, den Weg der inneren und äußeren Selbstveredlung gehend. Diese Zeit ist da, um unser „inneres Auge" für das Wesentliche zu schärfen.

Allah ruft uns zu Sich, damit wir durch Ihn wachsen mögen.

Unser weiser Prophet Muhammad (ﷺ) machte uns aufmerksam und sagte: „Es gibt zwei Dinge, deren große Segnungen die Menschen leichtsinnig hinnehmen: Gesundheit und Zeit." [70]

ACHTE DARAUF, ZEIT ZU HABEN FÜR DENJENIGEN, DER DIE ZEIT ERSCHAFFEN HAT, BEVOR DER MOMENT KOMMT, DEN ER DAFÜR BESTIMMT HAT, DASS DEINE ZEIT ABGELAUFEN IST.

Jede und jeder von uns kann mit gewisser Reue auf die eigene Vergangenheit blicken. So viel von unserer Zeit haben wir im Halbschlaf verbracht, haben Dinge getan, die wir lieber hätten bleiben lassen sollen, und andere, die wir hätten machen sollen, aber verabsäumt. Manche unserer Taten lösen großen Schwermut, Gewissensbisse und Scham aus. Eine große Welle des Selbstmitleids und der Bedrückung hält uns dann gefangen.

Unser Nafs, das Ego, liebt diese selbstbeschimpfende Haltung, in der wir an unserer Wertlosigkeit ersticken und uns am liebsten abkapseln bzw. ablenken, damit wir die Verzweiflung und innere Niedergeschlagenheit nicht so spüren.

Glaube nie, dass du nicht gut genug bist, dass deine Fehler so groß waren oder sind, dass du dich nicht an Allah wenden kannst. Allah sagt uns: *„Oh, ihr meine Diener, die ihr euch gegen euch selbst vergangen habt! Verzweifelt nicht an Gottes Barmherzigkeit, denn Gott vergibt alle Sünden, denn Er ist der Vielvergebende (Al-Ġafūr), der Gnadenvolle (Ar-Raḥīm)."* (39:53)

Allahs Liebe zeigt sich darin, dass er dich für einen ganz besonderen und einmaligen Zweck erschaffen hat und dir alle Fähigkeiten und Tugenden dafür gegeben hat, deinen Platz hier einzunehmen und deine Aufgabe zu erfüllen.

Kehre also zurück, egal, wie lange du verloren warst. Das Jetzt ist in deiner Hand. Kehre zurück, lass dich mit Allahs Vergebung heilen, deinen Kummer mit Seinem Frieden stillen und dein schweres Herz mit Seiner Liebe weiten.

Sei die Tochter, der Sohn des Moments, lass den Rucksack der Vergangenheit von deinen Schultern gleiten und komm, auch wenn du wieder und wieder in die Irre gehst, komm zu Allah zurück. In Seiner unendlichen Barmherzigkeit wartet Er. Er hat dich erschaffen und Er weiß, dass du würdig bist, denn Allah irrt sich nicht: *„Er, der allem, das existiert, seine wahre innere Natur und Form gibt und es zu seiner Erfüllung leitet."* (20:50)

Die Tochter oder der Sohn des Moments zu sein, ist, all die Fähigkeiten, die dir Allah geschenkt hat, zu beleben, sie erblühen zu lassen und sie dann für die Schöpfung zu geben.

Sei kein Opfer deiner selbst, sondern ein in Allah vertrauendes, dankbares, aktives Wesen. Gebe dich in Liebe und Interesse Allahs Plan hin, denn jedes Atom und alle Galaxien sind Zeichen von Allahs Weisheit.

Bald werden wir gefragt: *„Er fragt: ‚Wie viele Jahre seid ihr auf der Erde geblieben?' Sie werden antworten: ‚Wir haben einen Tag oder Teil eines Tages dort verbracht.'"* (23:112-113)

Zurückblickend wird uns die Zeit hier auf Erden wie ein kurzer Tag vorkommen.

Es liegt in unserer Hand, ob wir unsere Zeit in einen Gewinn oder Verlust verwandeln. Es ist also wichtig, die Zeit gut einzuplanen: für den Tag, die Woche, den Monat und das Jahr – und hierin Ziele zu haben. Zeiten für Gebete und Reflexion, Zeiten für Arbeit und Studium, Zeiten für Ruhepausen und Entspannung, Zeiten für Familie und Freunde.

Wenn wir all die äußeren Handlungen ausüben können und im Herzen stets in der Erinnerung und der Nähe, im Dialog und der inneren göttlichen Führung bleiben, wenn alles also dīn, Glaube und Benehmen wird, dann erkennen wir im Herzen Allahs Worte: *„Oh du Mensch, der inneren Frieden erlangt hat, komm zurück zu deinem Erhalter, wohlzufrieden und Ihn zufriedenstellend."* (89:27-28)

Übung für den Tag

Wiederhole heute immer wieder:

يا الله يا شافي

Yā Allah Yā Šāfī

„Oh, Allah, Du Heiler aller Wunden, aller Schmerzen, allen Kummers."

Mögen wir in Zuversicht wachsen!

Wusstest du

„Was weißt du über den Propheten Josef?", fragten die Juden den Propheten Muhammad (ﷺ) als Teil einer Prüfung, die sie zusammengestellt hatten, um den Anspruch des Propheten Muhammads (ﷺ) auf das Prophetentum zu überprüfen. Die Sure 12 über den Propheten Josef wurde ihm (ﷺ) daraufhin offenbart.

Die Geschichte des Propheten Yusuf, Friede sei mit ihm, ist die einzige im Koran, die als ganze in einer Sure offenbart wurde.

Die Sure wurde dem Propheten (ﷺ) in Mekka im Jahr des Kummers offenbart, in dem Jahr, in dem er seine zwei größten Unterstützer, seine geliebte Frau Khadija und seinen Onkel Abu Talib, verloren hatte. Die Geschichte Josefs ist eine tief berührende Geschichte, in der Allah uns zeigt, dass im Leben ungewöhnliche und offensichtlich negative und aussichtslose Begebenheiten sehr wohl zum Guten und Schönen führen können:

Der Prophet Yusuf wird von seinen 10 Brüdern (Ruben, Simeon, Levi, Juda, Dan, Naftali, Gad, Ascher, Issachar und Sebulon) aus Eifersucht in einen Brunnen geworfen, dann als Sklave nach Ägypten verkauft, dort wird er unschuldig verleumdet und für viele Jahre ins Gefängnis geworfen, um dann durch eine Traumdeutung zum Berater des Herrschers von Ägypten und somit zu einem der mächtigsten Männer des Landes zu werden.

Yusuf hätte sich nie vorstellen können, was der Plan Allahs hinter all diesen Ereignissen war. Allahs unergründliche Leitung, Seine Liebe und Weisheit zeigen sich auf berührende Weise in dieser Geschichte. Sie vibrieren in ihrer Tiefe durch den einen Vers: *„Das Urteil (darüber, was geschehen soll,) liegt bei keinem außer Allah. Auf Ihn habe ich mein Vertrauen gesetzt, denn alle, die (auf Seine Existenz) vertrauen, sollen ihr Vertrauen auf Ihn allein setzen."* (12:67)

Yusufs Geschichte ist eine Geschichte des Langmuts und der Geduld angesichts der Widrigkeit, des Vertrauens angesichts der Trauer, der Gefasstheit angesichts der Zeit und der Liebe angesichts des Einen, in dessen Händen unser Schicksal ruht: *„Du bist mir nahe in dieser Welt und im kommenden Leben: lass mich als einen sterben, der sich Dir ergeben hat und vereine mich mit den Rechtschaffenen!"* (12:101)

Möge Allah uns zu Seinen Liebenden machen.

Denn es ist die Liebe, die unsere Beschränkungen überbrückt
und uns in Allahs Allmacht einbettet.

19. RAMADANTAG

MAWT

TOD

`Abdullah Ibn `Umar berichtete: „Der Gesandte Allahs (ﷺ) nahm mich bei meiner Schulterseite und sagte: ‚Sei auf dieser Welt wie ein Fremder oder wie derjenige, der sich auf einer Durchreise befindet.'" Und Ibn `Umar pflegte zu sagen: „Wenn der Abend kommt, erwarte nicht den Morgen, und wenn der Morgen kommt, erwarte nicht den Abend. Nimm von deiner Gesundheit für deine Krankheit und von deinem Leben für deinen Tod." [71]

In dem Moment, in dem wir geboren werden, beginnt unser Weg Richtung Tod. Das ganze Leben ist eine Vorbereitung auf den Tod und das Leben danach.

Wir Menschen sind im immerwährenden Wechselspiel von Leben und Tod eingebettet, ständig sterben Zellen in uns und neue werden geformt, unsere Haare gehen aus, um neuen Platz zu machen, Zähne kommen und fallen wieder aus, die Haut ist im ständigen Abfallen und Neu-Formen.

Unser Körper, der unser Gewand, unser Gefäß für das Leben auf der Welt ist, erinnert uns stets an die Vergänglichkeit. Diese ständigen kleinen Tode, in uns und um uns, erinnern uns, dass nichts auf Erden für immer besteht.

Nur Allah ist ewig und all das, was hier ist, wird eines Tages zu Ihm zurückkehren.

Sei hier, schätze und achte das Leben, aber vergiss nicht: Du bist zwar in der Welt, aber nicht von der Welt. Allah hat uns vom Paradies auf diese Welt gesandt, um hier für eine kurze Zeit zu verweilen und zu erkennen, wieso wir hier sind und was unsere Aufgabe ist, und Er hat uns in Seiner Gnade und Liebe immer wieder Propheten, Friede sei mit ihnen, gesandt, um uns den Weg zurück zu Ihm zu zeigen.

Allah ruft im Koran dem Menschen ins Gedächtnis, dass der Tod vor allem „Heimkehr" und nicht Ende ist. Der Tod ist die Rückkehr des Lebens zu seinem Ursprung – das Zurückgelangen zu Gott: *„Denn fürwahr, das kommende Leben wird besser für dich sein als dieser frühere Teil (deines Lebens)."* (93:4)

Es ist der Tod, der uns lehrt, uns tief an Allah zu binden. Es ist die Angst vor dem Tod, die uns so klar wie nichts anderes zeigt, dass wir an anderen Dingen festhalten als Allah.

Meist fürchten wir nicht so sehr den Tod, als das Gefühl, dass wir vielleicht nicht das erfüllt oder erkannt oder gelebt haben, was wir hätten tun sollen, dass wir nicht den Sinn und Zweck unserer Seele erfüllt haben.

Es ist wesentlich für uns Menschen, zu erkennen, dass wir nicht sterben, sondern durch ein Tor gehen namens Tod. Bevor wir dieses Tor durchschreiten können, wird von uns alles genommen, was uns vertraut ist, unser Körper, unsere Familie und Freunde, unser Heim, unser Arbeitsplatz, all die vertrauten Orte.

In diesem Moment vergeht alles und die Wahrheit zeigt sich: *„Alles, was auf Erden oder in den Himmeln lebt, wird bestimmt vergehen: aber für immer bleibt das Antlitz Allahs, voller Majestät und Ruhm."* (55:26-27)

Wenn der Tod kommt, gibt es kein Zurück mehr. Das, was uns dann den Weg erhellt, sind unser Glaube und die guten Taten, die Liebe, die Güte, die wir um Allahs Willen verbreitet haben. Sie erhellen und weiten unser Grab.

Ein Beerdigungszug kam beim Propheten (ﷺ) vorbei und er sagte: „Entweder erlöst oder erlöst worden!“

Die Leute fragten: „Oh, Gesandter Allahs, wer wird erlöst und von wem wird die Erlösung sein?“

Er entgegnete: „Der gläubige Diener Allahs wird von den Anstrengungen dieser Welt und von deren Übel erlöst und in die Barmherzigkeit Allahs eingehen. Und von einem schlechten Menschen werden die Mitmenschen, die Ortschaften, die Pflanzen und die Tiere erlöst.“ [72]

In keiner Zeit wie im gesegneten Monat Ramadan können wir so intensiv den Satz „Stirb, bevor du stirbst“ empfinden und erleben. Lass deine negativen Charakterzüge, die du glaubst, pflegen zu müssen, um zu überleben, deine Anhaftungen an die Illusionen des Lebens, deinen Ruf, deinen Besitz, deinen Stolz, deine Kontrollsucht und deine Machtspiele los, lass sie verwelken und sterben und wende dein Antlitz, dein ganzes Sein, dem Ewigen zu. Lass nicht die Reue dich beim letzten Atemzug begleiten.

Und versöhne dich, vergebe und führe das, was getrennt wurde im Schmerz und Missverständnis, so gut du kannst, zusammen. Vertraue ganz auf Allah und sei frei! Denn inneren Frieden und Freiheit finden wir nur, wenn wir uns ausschließlich auf Gott verlassen.

„Reichtum und Kinder sind ein Schmuck des Lebens dieser Welt: aber gute Taten, deren Frucht für immer dauert, sind von viel größerem Verdienst in der Sicht Allahs und eine viel bessere Quelle der Hoffnung.“ (18:46)

Lege deine Furcht und deine Hoffnung in Allahs Hände, immer wieder, immer wieder.

Sei dir immer des Todes bewusst, sodass du ein reiches sinnvolles Leben führen kannst, bleibe wach und in Liebe mit Allah verbunden und wenn die Trennung aus Vergesslichkeit kommt, dann kehre zur

Einung zurück. Halte dich lebendig und bereite dich gut vor für die Heimreise, denn der Tod kann jeden Moment erscheinen: *„Wahrlich, bei Gott allein liegt das Wissen davon, wann die Letzte Stunde kommen wird.“* (31:34)

Der Tod ist eine Einladung heraus aus dem Kerker dieser Welt in die Gärten des Paradieses, und aus der Freigebigkeit des barmherzigen Schöpfers erhältst du den Lohn für deine Taten.

Der Prophet (ﷺ) sagte: „Wer die Begegnung mit Allah liebt, mit dem liebt Allah auch die Begegnung. Und wer die Begegnung mit Allah verabscheut, deren Begegnung verabscheut auch Allah.“ [73]

MÖGEN WIR ZU JENEN LIEBENDEN GEHÖREN ...

ÜBUNG FÜR DEN TAG

Nimm dir Zeit und lege dich in ein verdunkeltes Zimmer. Wenn du magst, kreuze die Arme vor der Brust. Stell dir vor, du liegst schon in deinem Grab. Das irdische Leben ist vorbei, alles ist getan und kann nicht mehr verändert werden.

Atme ruhig und reflektiere über dein Leben: wie du deine Lebenszeit verbracht hast, über deine Taten und Worte, jene, die du getan und gesagt hast und vielleicht nicht hättest tun oder sagen sollen, und über jene, die du hättest tun oder sagen hast sollen und nicht getan hast.

Kontempliere mit ruhigem, tiefem Atem über dein Leben und verändere, korrigiere, was du jetzt noch kannst, bevor nach dem Tod die große unausweichliche Konfrontation kommt.

Wenn du wieder aufrecht sitzt, wiederhole drei Mal: *„Betrachte das Verfliegen der Zeit! Wahrlich, der Mensch ist verloren, außer jenen, die Glauben erlangen und Gutes tun und sich gegenseitig zur Wahrheitsliebe anspornen und einander zu Geduld in Widrigkeit mahnen.“* (103:1-3)

Unmittelbar nach dem Tod wird die Ganzkörperwaschung nach den rituellen Vorschriften ausgeführt; danach werden die Körperöffnungen verschlossen.

Der Leichnam wird anschließend in zwei reinweiße Baumwolltücher gewickelt (nicht genäht) und mit Baumwollstreifen abgebunden (bei Gläubigen, die die Wallfahrt nach Mekka unternommen haben, soll es das Wallfahrtsgewand sein).

Danach findet das Todesgebet im Stehen statt. Die Bestattung soll möglichst schnell erfolgen (bei Eintritt des Todes am Vormittag noch am selben, ansonsten am darauffolgenden Tag).

Vor der Grablegung werden die Totengebete gesprochen, die aus einer Folge von Glaubensbekenntnis (Shahada), Gebet der ersten Sure des Korans, Bitt- und Fürbittengebeten bestehen und mit dem Friedensgruß abgeschlossen werden.

Danach folgt die Grablegung. Der Körper soll so auf seine rechte Seite gelegt werden, dass sein Gesicht nach Mekka schauen kann.

Die Trauergemeinde schließt das Grab, indem die Anwesenden Erde in die Totengrube füllen; dabei wird gesprochen: *„Aus dieser (Erde) haben Wir euch erschaffen, und in sie werden Wir euch zurückbringen, und aus ihr werden Wir euch noch einmal hervorbringen."* (20:55)

20. RAMADANTAG

SALĀM

FRIEDEN

„Jene, die sich ihres Erhalters bewusst waren, werden in Scharen zum Paradies gedrängt werden, bis, wenn sie es erreichen, sie seine Tore weit offen finden werden und seine Wächter werden zu ihnen sagen: ‚Frieden sei auf euch! Wohl habt ihr getan, geht also ein in dieses (Paradies), darin zu verbleiben!'" (39:73).

Das Wort salām bezeichnet inneren Frieden, Wohlsein und Sicherheit vor jeder Art von Übel, sowohl physisch als auch spirituell. Salām heißt, den Göttlichen Schutz zu spüren, wo immer man ist und mit welcher Situation auch immer man konfrontiert wird. Es ist die Ergebung in die Göttlichen Gesetze.

Betrachten wir das Universum, die Natur, so finden wir Harmonie, Ausgewogenheit und Frieden vor. Wieso finden wir also keine Harmonie, keine Ausgeglichenheit und vor allem keinen Frieden unter den Menschen?

Wir Menschen erhielten das Vertrauen des freien Willens und der Denkfähigkeit, damit wir als Ergebnis dieser Wahlfreiheit Gottes Liebe kennenlernen und erfahren können. Doch durch unsere Unkenntnis um Gott und unser Ego, das stets bestrebt ist, seine Wünsche und

Begierden zu erfüllen und auf bestmögliche Weise zu befriedigen, haben wir unsere Aufgabe, eine gerechte und friedvolle Gemeinschaft hier auf Erden zu formen, vergessen.

Wir sind zwar in unserer Konstellation den Steinen, den Pflanzen und den Tieren sehr ähnlich, doch es gibt da einen Kern, eine Essenz, ein inneres Licht, ein Sein, das uns Menschen von allen unterscheidet, und das der Mensch mit seinem Verstand und seinem Herzen bewusst erreichen kann.

Uns auf dieses wahre Selbst einzuschwingen, bedeutet, uns für unsere wahre Bestimmung zu öffnen und bereitzustellen.

Allah schenkt, in Seiner Liebe zu uns ordnet Er es an, dass wir uns ein Mal im Jahr vertiefen, die Ablenkungen ablegen und uns unserer wahren Bestimmung hier auf Erden hinwenden. Er schenkt uns einen Monat der Reinigung, der Klärung, einer spirituellen Entgiftung, damit wir all das entfernen können, was uns im Weg steht, um Allah wahrlich zu lieben. Er schenkt uns einen Monat, um Frieden in uns zu finden.

Allah weiß, dass nichts das Ego so schwächt wie das Fasten. Es ist der Monat, in dem wir die Gelegenheit bekommen, die Gewohnheiten, die uns von Allah ablenken beziehungsweise fernhalten, zu brechen.

Allah bietet uns Menschen die Loslösung durch den Weg des Friedens, salām. In uns gibt es stets einen Kampf zwischen unserem wahren Ich, unserer Seele, und dem Ego, dem Nafs.

Im Monat Ramadan spüren wir diesen Kampf sehr klar. Indem wir Allahs Gebot befolgen und fasten, zeigen wir, dass wir Allah mehr lieben als die Begierden, Gewohnheiten und Vorstellungen unseres Nafs. Wir zeigen unserem Nafs, dass es ein dienendes Wesen ist und nicht ein herrschendes.

Wenn du in eine Situation kommst, in der du gereizt wirst, in der du dein inneres Gleichgewicht verlierst, dann tränke deine Zunge mit den Worten:

سلام قولا من رب رحيم

salāmun qawlan min rabbin raḥīm

„Friede!' durch das Wort eines barmherzigen Erhalters.“ (36:58)

Allah hat uns in diesem gesegneten Monat Göttliche Führung geschenkt durch den Koran und den Himmel geöffnet: *„Allah will, dass ihr Erleichterung habt, und nicht, dass ihr Schwierigkeiten erleidet, die Zeit des Fastens sollt ihr erfüllen und Allah dafür lobpreisen, dass Er euch rechtgeleitet hat. Vielleicht werdet ihr dankbar sein.“* (2: 185)

Salām, Friede, ist nicht das Gegenteil von Krieg:

Wenn man mit diesem Namen gegrüßt wird, so wird Bezug genommen auf diese Qualität: Erinnere dich an die Zeit, als noch niemand von uns existierte. Im großen Mysterium des Lebens, was machen da unsere Probleme, unsere Konflikte, unsere Meinungsverschiedenheiten wirklich aus? Friede, salām!

Es ist ein Name, der uns mit dem Vergangenen und mit dem Zukünftigen verbindet und uns aus dem engen Kreis des Selbst heraushebt, unseren Blick erweitert und unsere Herzen erleichtert.

„Die Gläubigen sind Brüder; so stiftet Frieden unter euren Brüdern und bleibt euch Allahs bewusst, auf dass ihr mit Seiner Barmherzigkeit begnadet werden möget.“ (49:10)

Salām ist die Hingabe des Ichs an seine wahre Natur. Wer sie kostet, dessen Herz ist frei von Not, Angst, Schwermut und Sorge, denn der Friede liebt den Frieden und gibt den Frieden demjenigen, der danach fragt. Wer sich auf Gott verlässt, taslim, wird nie Furcht empfinden, denn Gottes Kraft in ihm wird ihn tragen, schützen und ihm Glaubensstärke schenken.

Die Bilderwelt des Korans ist einerseits von Kämpfen angeregt, denn der Islam entstand in einer Atmosphäre des Kampfes, und andererseits von einer kraftvollen Gelassenheit und Tiefe.

Die Seele auf der Suche nach Gott muss kämpfen gegen das „verführerische befehlende Nafs“, an-nafs al-'ammāra, doch überflügelt erleuchtet wird alles durch den Frieden in Allah, im Absoluten.

Durch das Bewusstsein und die Liebe zu Gott kommt in einer Welt der steten Turbulenzen und Unruhen der Friede. So verhilft uns Allah durch den Koran, Anstrengung und Licht ins Gleichgewicht zu bringen, den Weg der Mitte.

Selbst wenn nur noch ein einziger Platz im Paradies, ǧanna, zu vergeben wäre, habe die Hoffnung, diesen zu erlangen, und selbst, wenn nur noch eine einziger Platz in der Hölle, ǧahannam, zu vergeben wäre, habe die Sorge, mit diesem bestraft zu werden. Dieses Gleichgewicht ermöglicht die Vervollkommnung des eigenen Nafs.

Ein Übergewicht der einen oder anderen Seite würde zum schädlichen Übermut oder schädlicher Depression führen.

Al-Ghazali sagte dazu: „Die Verehrung aus Hoffnung ist besser, weil die Hoffnung Liebe bewirkt, die Furcht aber Verzweiflung.“

OH, ALLAH, HEILE UND GESUNDE MEINEN KÖRPER, MEIN DENKEN
UND MEIN HERZ UND SCHENKE MIR VERSÖHNUNG, FRIEDEN UND SICHERHEIT,
UM DEINE UNVERGÄNGLICHE KRAFT UND LIEBE IN ALL DEINEN
OFFENBARUNGEN ZU SEHEN. MACHE MICH FREI VON UNSICHTBAREN
UND SICHTBAREN FEHLERN, SODASS ICH MICH DEM STROM
DEINER EWIGSEIENDEN EINHEIT ÜBERLASSEN KANN.

Übung für den Tag

اللهم أنت السلام ومنك السلام واليك يعود السلام فأنا بسلام

Allāhumma anta s-salām wa minka s-salām wa
´ilayka ya'ūdu s-salām fā anā bi salām.

„Oh, Allah, Du bist der Frieden und von Dir kommt der Frieden und zu Dir kehrt der Frieden zurück. Lass mich in Frieden leben."

Schenke As-Salām jedem deiner Gefühle, deiner Gedanken und allen Taten, die aufkommen. Schenke As-Salām jedem Menschen, dem du begegnest. Schenke As-Salām jedem, der dir je geholfen hat – Familie, Freunde, Lehrer. Schenke As-Salām allen Geschöpfen.

Wusstest du

I'tikāf Rückzug

„Und bei den 10 Nächten!" (89:2)

'Aishah (Möge Allah mit ihr zufrieden sein) berichtete:

„Der Gesandte Allahs (ﷺ) strebte im Ramadan mehr nach Anbetung als zu jeder anderen Jahreszeit. Und er würde sich in den letzten zehn Nächten des Ramadans mehr (in der Anbetung Allahs) widmen, als er zu Beginn des Monats angestrebt hatte."[102]

Der Prophet (ﷺ) pflegte sich in den letzten zehn Tagen des Monats Ramadan zurückzuziehen. Er (ﷺ) praktizierte dies bis zu seinem Tod. In seinem letzten Ramadan zog sich der Prophet (ﷺ) zwanzig

Tage zurück. Nach seinem Tod pflegten sich auch seine Ehefrauen zurückzuziehen.

Rein sprachlich bedeutet i'tikāf, sich zurückzuziehen und abzusondern, aber auch Hingabe, Widmung und innere eifrige Beschäftigung.

„Der Gesandte Allahs (ﷺ) führte den i'tikāf während der letzten zehn Tage des Ramadans aus." [103] Außer im letzten Ramadan seines Lebens verbrachte er (ﷺ) zwanzig Tage im Rückzug.

Die letzten zehn Tage des Monats Ramadan in der Zurückgezogenheit der Moschee zu verbringen, ist ein prophetischer Brauch (Sunna).

Man verbringt die letzten Tage dieses heiligen und heilenden Monats frei von den alltäglichen Gewohnheiten und Ablenkungen des äußeren Lebens.

Es ist die Zeit, sich noch mehr in den Koran zu vertiefen, sich nach innen zu wenden, die masbaḥa, die Gebetskette, nicht aus der Hand zu geben und im dhikr, in der Erinnerung und im Rezitieren, in den Bittgebeten und im Gedenken an Allah allgemein zu verweilen.

Es ist die Zeit, wo man ausschließlich das macht, wofür man geboren wurde: Allah in Hingabe und Liebe anzubeten und für all Seinen Segen zu danken.

Es ist eine Zeit, in der wir über unser Leben, unsere Vergangenheit und Zukunft, über den Tod und das Jenseits reflektieren. Man kann sich auch an Lernaktivitäten beteiligen, wenn sie die Qualität des i'tikāf nicht beeinträchtigen.

Folgende Regeln wurden uns von Anis ibn Malik vermittelt:

„Es wird bevorzugt, den i'tikāf in einer Moschee zu halten, in der das gemeinsame Freitagsgebet gehalten wird, und innerhalb der Moschee nicht im Innenhof, außer es werden Zelte dafür aufgestellt.

Die Person, die i'tikāf machen wird, sollte den Ort, an dem sie i'tikāf machen möchte, vor Sonnenuntergang betreten. Eine Person, die i'tikāf macht, sollte mit ihrem i'tikāf beschäftigt sein und ihre Aufmerksamkeit nicht auf andere Dinge richten, die sie beschäftigen könnten, wie Handel oder was auch immer.

Es ist aber kein Schaden, wenn man eine andere Person bittet, etwas für sich in Bezug auf ihr Vermögen oder die Angelegenheiten ihrer Familie zu tun, oder ein Eigentum von ihr verkaufen oder etwas anderes, das die Person im i'tikāf nicht direkt ablenkt. I'tikāf wird von Dorfbewohnern genauso ausgeübt wie von Nomaden, ohne Unterschied." [104]

Außerhalb des Monats Ramadan kann der i'tikāf in der Moschee auch nur eine Stunde oder nur einen ganzen Tag andauern.

21. RAMADANTAG

'A'MĀL

TATEN

Aisha, die Mutter der Gläubigen, berichtete, dass der Gesandte Allahs (ﷺ) sagte: „Versucht, das Richtige zu verrichten, ohne dass ihr euch übernehmt, und wisset, dass keiner von euch ins Paradies durch seine Taten eingeht, und dass die beliebtesten (guten) Taten bei Allah solche sind, die regelmäßig begangen werden, auch dann, wenn sie gering sind." [74]

Immer wieder erklärt uns Allah im Koran, wie sehr unser Glaube mit unseren Taten verbunden ist, dass unser Glaube an Allah sich in unseren Handlungen zeigt. Der Islam misst dem sozialethischen und insgesamt dem sozialen Handeln großen Wert bei, ja, man kann von einer Symbiose zwischen dem Glauben und dem Handeln sprechen: īmān wa ʿamal ṣāliḥ, Glaube und das Verrichten der guten Werke, wird im Koran über siebzigmal gemeinsam erwähnt. [75]

„Ein jeder, sei es Mann oder Frau, der (was immer er kann) an guten Taten tut und überdies einer der Gläubigen ist, wird ins Paradies eingehen." (4:124)

Die Verbindung unserer Taten mit unserem Glauben ist im Islam so substanziell, weil sie uns helfen, im Diesseits stets ein Bewusstsein, eine Brücke mit dem Jenseits, al-'āẖira, zu formen. Allah hat unseren

Glauben an Ihn und unsere guten Taten zu unserem Übergang ins Paradies, inshallah, gemacht.

An jenem Tag wird jedem Menschen das vergolten werden, was er erworben hat: *„Kein Unrecht (wird) an jenem Tag geschehen, wahrlich, schnell im Abrechnen ist Gott!“* (40:17)

Allah ruft uns immer wieder dazu auf, unser tägliches Leben, unsere Arbeit und unsere Taten zu unserer Religion, unseren dīn zu machen. Es ist ein Hinweis darauf, ganz bewusst zu leben und zu handeln und all dies für Allah zu tun.

Wenn ich mein Herz öffne, um Allahs Liebe, Seine Versorgung und Barmherzigkeit zu erfahren, beginnt meine Liebe für Ihn zu gedeihen.

Dann spüre ich stets Seine liebende, behütende Nähe. Dann erfahre ich endlich, dass alles von Ihm kommt, dass Er der Reiche, Al–Ġanīy, ist und ich durch Ihn bewegt werde, dann beginne ich zu verstehen, was die Worte: *„Nicht du hast, als du warfst, geworfen, sondern Allah“* (8:17), wahrlich bedeuten.

Denn es ist Er, der uns alles gibt, der unsere Zunge zum Trösten bewegt, uns erlaubt, Güte zu zeigen, und uns inspiriert, Gutes zu tun, es ist Er, der uns zur Dankbarkeit hinreißt und zur Ausübung von Großzügigkeit bewegt.

Unsere Taten sind dann ein bewusster intimer Ausdruck unserer Liebe zu Allah. Man beginnt, gute Taten im Verborgenen zu verrichten, versteckt vor den Augen der Menschen, weil sie ein inniger intimer Akt aus Liebe zu Allah, dem Geliebten, werden. Ich bin nicht, nur Du!

Wir alle wissen, wie schnell und gerne unser Ich, unser Nafs, gute Taten an sich reißen möchte, und wie wir es lieben, Anerkennung durch die Menschen zu bekommen.

Die Neigung, gute Taten zu verrichten, um von anderen Anerkennung zu bekommen, bleibt hartnäckig im Herzen. Es ist nicht einfach, das richtige Verhältnis zwischen offenen guten Taten und verborgenen Taten zu finden.

Allah ruft uns auf und sagt: *„Oh ihr, die ihr Glauben erlangt habt! Beraubt nicht eure milden Taten allen Wertes durch Betonen eurer eigenen Wohltätigkeit und Verletzen (der Gefühle der Bedürftigen), wie derjenige es tut, der seinen Reichtum nur ausgibt, um von den Menschen gesehen und gepriesen zu werden.“* (2:264)

Doch das Leben ist ein Prozess, und was von uns verlangt wird, ist, dass wir uns Aufrichtigkeit, iḫlāṣ, vornehmen und mit einer klaren Absicht, niyya, unsere Taten angehen.

Dann können wir unser Leben von einem weltlichen Leben zu einem spirituellen Leben verwandeln. Dann können wir aufrichtig geben und dies hilft uns, unsere Bindung an diese materielle Welt zu lockern. Der Monat Ramadan, in dem wir viele Tage fasten und lernen, von so vielem Gewohnten loszulassen, hilft uns auch auf dieser Ebene.

Wenn man hier auf Erden gelernt hat, wie man für sich und andere Freude und Glück schaffen kann, werden uns Freude und Glück in der anderen Welt umgeben. Wenn man hier auf Erden die Saat von Gift gelegt hat, müssen wir dort die Früchte davon ernten. Denn die Natur des Jenseits ist Gerechtigkeit. In Wirklichkeit ist das Leben eine Reise von Gott zur Erde und von der Erde zu Gott.

Der Prophet (ﷺ) sagte: „Wer seinem Mitmenschen etwas Ungerechtes angetan hat, muss ihn darum bitten, ihn davon loszulösen, bevor ein Tag kommt, an dem nichts gegen Geld gekauft werden kann, sondern gegen den guten Lohn für die früheren guten Taten. Dieser Lohn wird dem Ungerechten entnommen und dem gegeben, der sein Unrecht gelitten hat. Wenn der gute Lohn fertig ist, ohne dass der Ungerechte seine Schuld zurückgezahlt hat, wird vom schlechten Lohn, den der Unrechtleidende für seine früheren schlechten Taten verdienen sollte, auf den Ungerechten geschoben.” [76]

Auf dem Pfad zu Allah zu sein, bedeutet, innerlich loszulassen und äußerlich zusammenzubringen. Denn die Gefährten, die uns bleiben und die wir im Bewusstsein ins Jenseits mitnehmen, sind unsere Taten. Am Tage, an dem der Vogel Seele den Käfig Körper verlässt, findest du dich alleine mit deinen Taten, die die Kinder deiner Absicht waren. So lasse das Treffen zwischen dir und ihnen ein leuchtendes, gewichtiges Treffen sein und nicht ein verlorenes, nichtiges.

„Wer immer tut, was gerecht und recht ist, tut dies zu seinem eigenen Wohl, und wer immer Übles tut, tut dies zu seinem eigenen Schaden, niemals tut Gott Seinen Geschöpfen das geringste Unrecht an." (41:46)

Ein Mann fragte den Propheten (ﷺ) nach dem Glauben, worauf er (ﷺ) antwortete: „Wenn deine gute Tat dir gefällt und deine böse Tat dich betrübt, bist du ein Gläubiger." [77]

Allah erklärt uns im Koran, wie wir durchs Leben gehen sollen: *„Und erlaube weder deiner Hand, an deinen Nacken gefesselt zu bleiben, noch strecke sie bis zur äußersten Grenze (deiner Fähigkeiten) aus, damit du nicht sonst da sitzt, getadelt und verarmt."* (17:29)

Sei nicht knausrig bzw. geizig oder unwillig, anderen zu helfen, aber achte auch auf das Gleichgewicht.

Imam Ali sagte: „Essen ist Nahrung für den Körper, andere zu nähren, ist Nahrung für die Seele."

In unsere Seele hat Allah Weisheit und Wissen gelegt und in unser Herz das Gewissen. Wenn wir ungerecht handeln, meldet sich unser Gewissen und wenn wir durch eine Entschuldigung oder Wiedergutmachung das Gleichgewicht wieder hergestellt haben, beruhigt sich unser Herz und dehnt sich in Dankbarkeit aus. Ausgerichtet auf Gott erfahren wir Frieden und Harmonie im Leben.

Fasten ist ein Reinigungsmittel für unser Herz. Im Fasten ist die Menschenseele für die göttliche Spiritualität empfänglicher. Es hilft dem

Gläubigen, sich physisch und geistig neu zu formen und somit sein Verhalten zu erneuern.

Die Disziplin und die Grenzen, die wir im heiligen Monat auferlegt bekommen, lehren uns, dass sie nicht da sind, um unsere Freiheit einzuschränken, sondern um uns wahrlich frei zu machen von den Verhaftungen an Teile unseres Charakters, die uns gefangen halten.

So gehört es zum Fasten, die Zeit zu nutzen, um sich von verwerflichen Taten wie Lügen, üblen Nachreden, Schimpfwörtern, Geiz, Neid oder Ähnlichem nachhaltig zu entfernen.

Der Prophet (ﷺ) sagte: „Vermeide Neid, denn Neid verschlingt gute Taten genauso, wie Feuer Holz verschlingt.“ [78]

Fasten hilft uns, ein Gleichgewicht in unserem ganzen Sein aufzustellen, damit wir immer mehr zu Instrumenten für Gottes Willen auf Erden werden.

Der Prophet (ﷺ) erklärte uns: „Wer Lügen und böse Handlungen nicht aufgibt, dessen Enthaltung von Essen und Trinken braucht Allah nicht.“ [79]

Jemand fragte einen Weisen: „Was soll ich tun? Meine Zunge bereitet mir Schwierigkeiten und ich kann sie nicht im Zaume halten, wenn ich unter Leuten bin. Ich verurteile ihre Taten und widerspreche ihnen ständig. Was soll ich also tun?“

Der Weise antwortete: „Wenn du dich nicht beherrschen kannst, dann meide die Leute und lebe alleine, denn jene, die mit anderen zusammenleben wollen, sollten nicht eckig sein, sondern rund, um sich allen zuzuwenden.“

Die Liebe und Nachsicht Allahs, Sein Wissen um unsere Schwächen und Sein Anerkennen unserer Bemühungen, zeigt Er uns durch Seinen geliebten Propheten (ﷺ), als er (ﷺ) sagte: „Allah sagt: ‚Wenn mein Diener vorhat, eine schlechte Tat auszuführen, dann schreibe sie, oh Engel, nicht auf, es sei denn, er führt es aus. Wenn er sie begeht, dann schreibe es so, wie sie ist, auf, doch, wenn er es um Meinetwillen nicht begeht, dann schreibe es als gute Tat auf.

Andererseits, wenn er beabsichtigt, eine gute Tat zu tun, diese aber nicht ausführt, dann schreibe sie als gute Tat auf und wenn er sie ausführt, dann schreibe sie für ihn als zehn gute Taten bis siebenhundert auf.'" [80]

Der Gesandte Allahs (ﷺ) sagte: „Dem Toten folgen (bei seiner Beerdigung) dreierlei, von denen zwei zurückkehren und eins bei ihm bleibt: Ihm folgen seine Leute, sein Besitz und seine Taten, von denen seine Leute und sein Besitz zurückkehren, und bei ihm bleiben seine Taten." [81]

Übung für den Tag

Wiederhole immer wieder:

الله نور السماوات والأرض

Allāhu nuru s-samāwati wa-l-arḍi

„Allah ist das Licht der Himmel und der Erde." 24:35)

Achte stets auf den ersten Impuls im Herzen, der sich erhebt, bevor er durch die Handlungen des Verstandes gestört wird.

Im Koran steht geschrieben: *„Der Mensch ist von Hast getrieben."* (17:11)

Nimm dir Zeit, achte auf die Inspiration in deinem Herzen, denn sie kommt von deiner liebenden Seele, die Allah dir geschenkt hat.

Wusstest du

Alle Handlungen werden in fünf Arten eingeteilt:

1. das Unerlässliche: farḍ oder wāǧib,
2. das Empfohlene: mustaḥab,
3. das Erlaubte, dem freien Ermessen überlassene: mubāḥ,
4. das zu Meidende: makrūh,
5. das Verbotene: ḥarām.

22. RAMADANTAG

UMMA

GEMEINSCHAFT

Der Prophet (ﷺ) sagte: „Wenn jemand die Angst seines Bruders vor dieser Welt beseitigt, wird Allah für ihn eine der Ängste am Tag der Auferstehung beseitigen. Wenn jemand einem verarmten Menschen das Leben leichter macht, wird Allah es ihm in dieser Welt und am Tag der Auferstehung leichtmachen. Wenn jemand die Geheimnisse eines Muslims verbirgt, wird Allah seine Geheimnisse in dieser Welt und am Tag der Auferstehung verbergen. Allah wird einem Diener helfen, solange der Diener seinem Mitmenschen hilft.“ [82]

Allah hat diesen Monat für uns errichtet, um die Wende von der Schöpfung zum Schöpfer zu erleichtern. In Seiner Liebe und Gnade hat Er die negativen äußeren Kräfte ferngehalten und die Schleier zwischen Himmel und Erde verdünnt, sodass wir die besten Möglichkeiten haben, eine innere Einsicht zu bekommen und unsere inneren Schleier, die uns von Ihm fernhalten, abnehmen können.

Der Monat Ramadan ist einerseits eine Zeit des Rückzugs: *„Oh ihr, die ihr Glauben erlangt habt! Seid euch Gottes bewusst mit all dem Bewusstsein, das Ihm gebührt, und erlaubt nicht dem Tod, euch zu ereilen, ehe ihr euch Ihm ergeben habt.“* (3:102)

Es ist aber auch ein Monat der Gemeinschaft: „*Und haltet fest, alle zusammen, an der Verbundenheit mit Gott und entfernt euch nicht voneinander.*“ (3:103)

In meinem Innenleben, in meinem Rückzug, achte ich auf meine Gedanken, auf meine Gefühle, auf meine Sinne. Wo führen sie mich hin, was beschäftigt mich, wo gehen meine Energien und Gedanken hin, was füllt und besetzt mein Herz?

Wie bewusst ist meine Verbindung, mein Vertrauen und meine Liebe zu Gott? Bleibe ich im dhikr, im Gedenken, auch wenn die Hitze des Hungerns im Magen mich mitnimmt, bleibe ich in meiner Liebe oder verfalle ich den körperlichen Wünschen und den Bedürfnissen meines Egos, meines Nafs?

Was will ich vom Leben, mit welcher geistigen Haltung gehe ich durchs Leben und was gebe ich von mir in diese Welt?

Die Langsamkeit, die das Fasten auslöst, die Schwäche, die meinen Körper einnimmt, löst einerseits den Griff meines Egos und lässt uns andererseits die Irritationen, die das Ego dadurch durchmacht, besser erkennen.

Wir werden von Allah hin- und herbewegt, mal wendet sich unser Herz in tiefer Liebe zu unserem wahren Selbst, zu unserer Seele, jener Teil in uns, der bedingungslos Allah liebt und auch Seine Schöpfung, mal wendet sich unser Herz den Wünschen des Körpers zu und würde am liebsten alles abschütteln und seinen eigenen Wünschen nachgehen.

Am Tag, in der Helligkeit der Sonne, werde ich mit der Frage: „Wo stehe ich, wer bin ich, was möchte ich?“, konfrontiert und ich spüre, dass nur Er mir helfen kann. Je mehr ich loslasse, je mehr ich mich ergebe, je mehr ich Seinem Ruf, Seiner gütigen Liebe folge, desto mehr werde ich zu dem, wofür ich geboren und erschaffen wurde: eine Dienerin, ein Diener Allahs.

Wenn die Zeit des Übergangs kommt, wenn der Sonnenuntergang sich nähert, beginnt die Zeit der Gemeinschaft, die Zeit des 'ifṭār. Eine neue Situation, eine erneute Herausforderung. Wie bin ich in der Gemeinschaft?

Wie benehme ich mich, werde ich vergesslich, stürze ich mich in den freudigen Austausch und vergesse, lasse mich ablenken von meinem Schöpfer, greife ich gierig nach den Erfüllungen meiner körperlichen Bedürfnisse? Kommt Bescheidenheit oder Gier auf? Gehe ich demütig, liebevoll Allah dankend, in das Bewirten und Teilen?

Die Nacht kommt und viele von uns sammeln sich in den Moscheen zu den Tarāwīḥ-Gebeten und lesen gemeinsam den Koran. Diese gemeinsamen Zusammenkünfte nennt man muqābala. Es ist der Akt, den inneren Raum für den Schöpfer Allah zu öffnen, während ich mich in die Schöpfung einbette. Bewege ich meine Zunge, meine Hände, mein Herz mit meiner Liebe zu Allah?

Spreche ich Lobpreisungen und Segenswünsche aus, behalte ich meine Bindung zu Gott und stärke ich diese Bindung in der Gemeinschaft oder verfalle ich meinen Verstellungen, Überempfindlichkeiten und Vorwänden?

Der Gesandte Allahs (ﷺ) wurde gefragt: „Wer lebt den Islam am besten?" Er antwortete: „Derjenige, vor dessen Zunge und Hand die Menschen sicher sind." [83]

Der Tag war die Vorbereitung für die Nacht. So wird dieser Zyklus von Tag und Nacht dreißigmal wiederholt und jeden Tag und jede Nacht hebe ich einen weiteren Schleier, der zwischen mir und Allah steht. Mögen unsere äußeren Rituale von unseren inneren Werten erfüllt sein.

Allah hat uns im Koran eine Sure geschenkt (Sure 49 Al-Ḥuğurāt „Die Gemächer"), in der Er uns die Prinzipien der Geschwisterschaft aller Gläubigen bzw. der Geschwisterschaft aller Menschheit aufzeigt: *„Oh, die ihr glaubt, die einen sollen nicht über die anderen spotten,* *vielleicht sind eben diese besser als sie. Auch sollen nicht Frauen über andere Frauen (spotten), vielleicht sind eben diese besser als sie. Und beleidigt euch nicht gegenseitig durch Gesten und bewerft euch nicht gegenseitig mit (hässlichen) Beinamen. Wie schlimm ist die Bezeichnung ‚Frevel' nach (der Bezeichnung) ‚Glaube'! Und wer nicht bereut, das sind die Ungerechten.“* (49:11)

Und Allah erklärt uns weiter: *„Oh, die ihr glaubt, meidet viel von den Mutmaßungen; gewiss, manche Mutmaßung ist Sünde. Und sucht nicht (andere) auszukundschaften und führt nicht üble Nachrede übereinander. Möchte denn einer von euch gern das Fleisch seines Bruders, wenn er tot sei, essen? Es wäre euch doch zuwider. Fürchtet Allah. Gewiss, Allah ist Reue-Annehmend und Barmherzig.“* (49:12)

Wenn der Koran von „Brüder“, iẖwa, spricht, hat das eine reine ideologische Bedeutung und schließt natürlich Frauen wie Männer gleichermaßen ein: *„Alle Gläubigen sind Brüder. Darum (wann immer sie uneinig sind) stiftet Frieden zwischen euren Brüdern und bleibt euch Gottes bewusst, auf dass ihr mit Seiner Barmherzigkeit begnadet werden möget.“* (49:10)

Das Wesen der Barmherzigkeit besteht auf der Haltung, das Leid anderer zu lindern, uns gegenseitig darin zu unterstützen, das Gute in uns und das Wohlergehen zu fördern. Es ist, die Freuden und Sorgen anderer mitzuerleben, als wären sie die eigenen, wir alle streben danach, glücklich zu sein und Leid zu vermeiden.

Ein Beduine hatte drei Söhne. Als seine Zeit kam, sandte er nach ihnen und sprach: „Meine Kinder, ich möchte euch meine 17 Kamele hinterlassen! Ich bestehe aber auf folgender Aufteilung: Du, mein Ältester, sollst die Hälfte bekommen, du, mein Zweitgeborener, ein Drittel, und Du, mein Jüngster, ein Neuntel“.

Der Vater starb und die Söhne zermarterten sich das Gehirn, wie sie diese Aufteilung bewerkstelligen sollten. Wie immer sie es drehten und wendeten, es passte nie. Sollten sie ein Kamel opfern und aufteilen, sollten sie einige Tiere verteilen? Da bemerkten sie einen alten Mann, der mit seinem Kamel unter einem Baum rastete. Sie gingen hin und baten um Rat.

„Nehmt mein Kamel dazu, dann habt ihr 18 Kamele!“ So geschah es auch. Der Älteste bekam die Hälfte, also 9 Kamele, der Mittlere ein Drittel, also 6 und der Jüngste ein Neuntel, also 2 Kamele. Als sie die Aufteilung beendet hatten, blieb ein Kamel über. Der alte Mann schnappte sich sein Kamel und ging lächelnd seines Weges.

Wie wir Gott sehen, ist eine direkte Reflexion darüber, wie wir uns selbst sehen. Wenn wir Gott als voller Liebe und Mitgefühl sehen, sind wir es auch. Wenn wir Gott nur als Richter sehen, beginnen wir, uns und andere stets zu richten.

Der Koran spricht immer von einer Gemeinschaft, nicht von einem Staat, er will uns helfen, eine gerechte, vielfältige, lebendige Gemeinschaft zu erschaffen, vereint im Glauben an Allah und Seinen Gesandten (ﷺ).

Wir Menschen gedeihen und wachsen und sind viel zufriedener in einer Gesellschaft, in der Wohlstand gleichmäßiger unter der Bevölkerung verteilt ist und die gleiche Chancen allen Mitgliedern gibt als in einer, in der die Kluft zwischen Reich und Arm groß ist.

Die Prinzipien des Korans und die Lehren des Propheten Muhammad (ﷺ) können in einer Gemeinschaft nur umgesetzt werden, wenn die einzelnen Individuen diese Werte und diese Ethik in sich entwickeln.

Ein wahrer Muslim zu sein bedeutet, jeden Menschen als Geschöpf Gottes zu betrachten.

Wir Menschen sind wie Bäume: Die Wurzeln sind in der einen Erde unsichtbar verbunden, im äußeren Ausdruck sind wir verschieden und einzigartig. So weist die Mannigfaltigkeit auf die Einheit hin.

Wir alle schätzen an anderen Eigenschaften wie Freundlichkeit, Toleranz, Warmherzigkeit, Großzügigkeit, Geduld und Versöhnlichkeit und uns allen sind Bosheit, Engstirnigkeit, Habgier und Unfreundlichkeit zuwider.

Der Geliebte Allahs (ﷺ) sagte: „Wahrlich, Allah wird am Tag der Auferstehung sagen: ‚Wo sind diejenigen, die sich gegenseitig um Meiner Ehre willen lieben? Heute werde ich sie in meinem Schatten schützen, (an dem Tag) an dem es keinen anderen Schatten als Meinen geben wird.'" [84]

Es ist aber auch wichtig zu verstehen, dass du keinen Menschen verändern kannst, wenn er nicht bereit ist dazu, du kannst nur deine Reaktion, dein Verhalten ihm gegenüber ändern. Bemühe dich, bete für diesen Menschen und lege dein Vertrauen in Allah.

Der Prophet (ﷺ) sagte: „Keiner von euch wird Glauben haben, bis er seinem Bruder wünscht, was er für sich selbst wünscht."85

Alle Menschen – egal welcher Religion oder Kultur oder politischen Einstellung sie angehören – wir alle sind miteinander verbunden: „Jeder hat eine Richtung, nach der er sich kehrt. Wetteifert daher miteinander in guten Werken. Wo immer ihr seid, Allah wird euch allesamt zu Ihm zurückbringen. Gewiss, Allah hat Macht über alle Dinge." (2:148)

Wir alle haben eine Verantwortung. Eine Verpflichtung gegenüber ummat Muhammad (ﷺ) und einer weltweiten Gemeinschaft, einer globalen „Umma".

„Wenn Allah wollte, hätte Er euch wahrlich zu einer einzigen Gemeinschaft gemacht. Aber (es ist so,) damit Er euch in dem, was Er euch gegeben hat, prüfe. So wetteifert nach den guten Dingen! Zu Allah wird euer aller Rückkehr sein, und dann wird Er euch kundtun, worüber ihr uneinig zu sein pflegtet." (5:48)

Und der Koran zeigt uns, wo wir stehen: *„Und so haben Wir euch zu einer Gemeinschaft der Mitte gemacht, damit ihr Zeugen über die (anderen) Menschen seiet und damit der Gesandte über euch Zeuge sei."* (2:143)

Wenn wir Allah gewahr sind, gestalten wir eine Welt, in der alle so leben können, wie es Gott wünscht: Wir speisen die Armen und versorgen die Alten, wir beschützen die Frauen, wenn sie geschlagen werden, und die Männer, wenn sie geknechtet werden, wir fördern unsere Kinder, ob Mädchen oder Junge, wir ermöglichen Bildung für alle und beschützen unsere Umwelt und Natur und tragen dazu bei, die Menschen in Respekt und Barmherzigkeit zu verbinden.

Übung für den Tag

Wiederhole hundertmal:

لا اله الا الله وحده لا شريك له له الحمد وله الشكر وهو على كل شيء قدير

Lā ilāha illā llāh waḥdahu lā šarīka lah, lahu l-ḥamd wa lahu š-šukr wa huwa ʻalā kulli šay'in qadīr

„Es gibt keinen Gott, außer Allah, niemand ist Teil Seiner Allmacht, aller Preis und aller Dank gilt Ihm und Er hält die Macht über alles."

Indonesien – ein riesiges Land aus Inselgruppen in Südostasien – hat weltweit die viertgrößte Bevölkerung und ist die größte Nation mit muslimischer Mehrheit.

Obwohl in Indonesien überwiegend Muslime leben, werden offiziell fünf Religionen anerkannt: der Islam, das Christentum, der Hinduismus, der Buddhismus und der Konfuzianismus.

Seit der Unabhängigkeit von den Niederlanden im Jahr 1945 hat sich Indonesien zu einer Demokratie entwickelt, die durch kulturelle Vielfall und eine vorurteilsfreie Auslegung des Islam geprägt ist.

23. RAMADANTAG

TAĠAYYUR

EWIGER WANDEL

„Denn waren sie nicht gewahr, dass Wir es sind, die die Nacht für sie gemacht hatten, auf dass sie darin ruhen mögen, und den Tag, um sie sehen zu lassen.“ (27:86)

Die Himmel und die Erde, die Nacht und der Tag, das Leben und der Tod, das Weibliche und das Männliche, die Bewegung und die Festigkeit wurden durch Ihn erschaffen.

Doch der Eine bleibt ewig unverändert, während sich die Vielfalt im ewigen Wechsel des Kommens und Vergehens bewegt.

Tag und Nacht haben hier symbolische Bedeutung: Der „Tag“ ist die gottgegebene Fähigkeit des Menschen, Einsicht durch bewusstes vernünftiges Denken zu gewinnen. Die „Nacht“ ist die Intuition, die aus der stillen, ruhevollen Ergebenheit gegenüber der Stimme des eigenen Herzens kommt. Allah hat uns befähigt, anhaltenden Nutzen aus Seiner Schöpfung zu ziehen.

Teile den Tag in zwei Teile: Am Tag sei in der Qualität der Dankbarkeit, šukr, im Einatmen der Erlebnisse und in der Nacht sei in der Qualität des Erinnerns, dhikr, im Ausatmen in die Versenkung und dem inneren Lernen.

In diesem gesegneten Monat erfahren wir den Wechsel von Tag und Nacht, dieses Wunder, in das uns Allah eingebettet hat, viel bewusster. Wir erfahren die Gegenpole in ihren verschiedenen Gegebenheiten und in ihrer Ergänzung.

Das Konzept der Dualität existiert, um uns besser in dieser Welt zu orientieren, doch nicht, um darin gefangen zu bleiben. Denn die Dualität besteht in dieser Welt nur, um uns in die Einheit zu führen. Die Dualität ist eine Welt der augenscheinlichen Gegenpole, die sich ergänzen, sie sind keine „wahren" Gegensätze. Alles ist miteinander verwoben, alles ist ein untrennbares Energiemuster.

Es ist das Bewusstmachen, dass wir eine Seele sind, im Kern frei von den Ketten dieser Welt und gleichzeitig menschlich gefangen in der Dualität von Gut und Böse, Licht und Dunkelheit. Verbunden zu bleiben, dabeizubleiben, ganz gleich, wie die inneren und äußeren Situationen aussehen, stets auf Ihn ausgerichtet zu sein und dabei ein ausgeglichenes Alltagsleben zu führen, den Gegebenheiten des Moments entsprechend, das ist unsere Aufgabe.

Allah, der Gebende, haucht dem Menschen von Seiner Gnade Leben ein. Er gibt die Erlaubnis zum Leben und stattet den Menschen mit einer unverwechselbaren Natur aus. Er stellt ihn mit beiden Beinen auf die Erde, spannt seinen Geist bis in die höchsten Himmel und sendet ihn dann auf die Reise zu seinem wahren Wesen.

Suche deine Mitte, denn in der inneren Mitte, dort beginnt der intime befreiende Dialog, die Beziehung zwischen Mensch und Gott. Nähre die Ergebung in Allahs Gebote mit deiner Sehnsucht und Liebe zu Ihm.

In Seiner Anerkennung wird der Mensch frei und der vorewige Bund immer wieder geschlossen: *„Bin Ich nicht euer Rabb, euer Herr?' – worauf sie antworten: ‚Ja, fürwahr, wir bezeugen es!'"* (7:172)

Alles ruht in Seinen Händen und die Öffnung unseres Herzens zu dieser Erkenntnis erlaubt uns, die Wechsel und Übergänge des Lebens als das bewegliche Bild der Ewigkeit zu erfahren. So lebt der Mensch in der Zeit, als Zeugin und Zeuge Seiner Ewigkeit.

Allahs Gesandter (ﷺ) sprach: „Allah sagte: ‚Der Sohn Adams tut Mir weh, weil er die Zeit missbraucht, obwohl ich die Zeit dahr bin. In Meinen Händen sind alle Dinge, und Ich verursache die Umwälzung der Nacht in den Tag.'" [86]

Allah ist der Öffner der Herzen für die Wahrheit und Derjenige, Der Wissen und Wahrhaftigkeit über unsere Zungen fließen lässt. Er ist Derjenige, der die Schleier hebt und uns die Fähigkeit gibt, das Wesentliche in allen Dingen zu sehen, und Der uns die Kraft gibt, wahrhaftig zu sein.

„Was Allah auftut den Menschen aus Barmherzigkeit, das kann niemand zurückhalten, und was Er zurückhält, kann niemand nach Ihm entsenden. Denn Er ist der Mächtige (al-'Azīz) der Weise (al-Hakīm)." (35:2)

Der Monat Ramadan ist nicht nur ein Monat, der uns näher zu Allah bringt, sondern uns auch als Fastende näher zusammenrückt. Es ist ein wunderbares, erwärmendes und bestärkendes Gefühl, zu wissen, dass wir mit so vielen anderen Menschen durch diesen Monat gehen. In dieser Gemeinschaft eingebettet, als Individuum lebend.

Allah öffnet für manchen von uns die Tore des Wissens, sodass dieser Mensch sein Wissen weitergeben kann. Manchem öffnet Er die Tore des materiellen Reichtums, sodass er den Bedürftigen und Armen geben kann. Und anderen schenkt Er Gesundheit und Kraft, sodass sie den Schwachen und Kranken Hilfe sein können.

Anderen wiederum öffnet Er die Tore der Kinder, damit sie ihre Augen und ihr Herz an ihnen laben können. So öffne du für die Menschen die Tore der Güte, der Hoffnung und des Mitgefühls, so gut du kannst.

Der Gesandte Allahs (ﷺ) sagte: „Wenn jemand von euch auf einen anderen schaut, der ihm gegenüber an Gütern und Aussehen bevorzugt ist, so soll er auf einen anderen schauen, der ihm unterliegt, und dem er selbst gegenüber bevorzugt ist." [87]

Das Leben bewegt sich in mysteriösen Wellen von Auf und Ab, mal tauchen Frieden erhöhende und gute, fruchtbare Zeiten auf, mal schweres, düsteres Ringen und Mühsale.

In diese Bewegungen sind wir Menschen eingebettet und in ihnen zeigen sich unsere Möglichkeiten, einzeln und im Kollektiv, als Mensch und Menschheit.

Durch diese „Wellen" zeigen wir Farbe. Das Szenario, die Umstände liegen nicht in unserer Hand. Doch als Menschen sind wir Wesen, die Licht und Dunkelheit in sich tragen und die Himmel und Erde, Ewigkeit und Zeit verbinden, und daher zum Gleichgewicht und Ungleichgewicht beitragen. Unsere Handlungen ziehen entsprechende positive oder negative Reaktionen nach sich.

In Zeiten des Reichtums werden uns die Möglichkeiten gegeben, Dankbarkeit, Großzügigkeit und Nächstenliebe zu leben in Zeiten der Schwere, Geduld, Genügsamkeit und Beharrlichkeit.

Eine der wichtigsten Aufgaben des Menschen im Islam ist die Läuterung der Seele und die Selbstveredlung. Der Monat Ramadan ist die beste Gelegenheit dafür.

Imam Ali sagt: „Ihre Krankheit ist von ihnen, aber sie nehmen sie nicht wahr und ihr Heilmittel ist in ihnen, aber sie spüren es nicht. Du nimmst an, du bist eine kleine Einheit, aber in dir ist das gesamte Universum eingeschlossen. Was du suchst, ist in dir, wenn du nur nachdenkst."

Gott ist der Erhalter der Welten und Er ist auch der Herr ihres Endes. Das zu wissen, heißt zu verstehen, dass das Bedingte vom Unbedingten kommt und von ihm abhängt.

Der Tag des Gerichts ist die Hoffnung der Geduldigen, die ihrer Menschlichkeit zum Sieg verhalfen, die ihr niedriges Selbst bekämpft haben und die ihren selbstgefälligen Trieben nicht unterlagen. Der yawm ad-dīn, „der Tag des Gerichts", ist der Tag, an dem die Unterdrücker und die Unterdrückten zusammenkommen und die Gegensätze vereint werden.

Denn bei Gott vereinen sich die Gegensätze. Am Tage des Gerichts kommen wir zusammen und alle Ungerechtigkeiten werden gesehen. An diesem Tag sind alle gleich, die Könige und die Untertanen, die Reichen und die Armen. An diesem Tag werden die Menschen gemäß ihren guten und schlechten Taten beurteilt werden.

Allahs Gesandter (ﷺ) kam in der Nacht eines Vollmonds zu uns und sagte: „Ihr werdet euren Herrn am Tag der Auferstehung sehen, so wie ihr diesen (Vollmond) seht. Ihr werdet keine Schwierigkeiten haben, Ihn zu sehen." [88]

Jede Zeit trägt ein besonderes Geschenk, eine besondere Qualität in sich.

In jedem Jahr gibt es ein Geheimnis und in jedem Monat gibt es ein besonderes Licht und an jedem Tag gibt es ein tağalli [89] von Allah für uns Menschen.

Und in den Nächten und Tagen sind uns einzigartige Momente bekannt, in denen wir an die Tür klopfen und der tağalli Allahs mit Licht und Gaben auf uns herabkommt, die all unsere Erwartungen übertreffen.

Es gibt besondere Zeiten, wie sahar, die Stunde vor dem fajr, oder wenn der Mu'azzin ruft: „ḥayya 'ala l-falāḥ!",„Komm zur Erlösung! Komm zur Selbstverbesserung, komm zum Glück und Wohlbefinden!"

Und es gibt besondere Orte wie Mekka, Medina und Al-Quds, Jerusalem. Dies sind Orte, die Allah uns gebeten hat, zu besuchen, denn dort erhalten wir Nahrung für unsere Seelen.

Zur Schönheit des fağr sagte der Gesandte Allahs (ﷺ): „Und rezitiere den Koran während des fağr. Wahrlich, die Rezitation des Korans während des fağr wird stets bezeugt. Er wird von den Engeln der Nacht und des Tages bezeugt.“ [90]

Und er (ﷺ) sprach: „Engel kommen Tag und Nacht nacheinander zu dir herab und alle kommen zur Zeit der fağr- und ʻAṣr -Gebete zusammen. Diejenigen, die die Nacht mit dir verbracht haben (oder bei dir geblieben sind), steigen dann auf (zum Himmel) und Allah fragt sie, obwohl Er alles über dich weiß: ‚In welchem Zustand hast du meine Diener verlassen?‘ Die Engel antworten: ‚Als wir sie verließen, beteten sie und als wir zu ihnen kamen, waren sie am Beten.‘“ [91]

Der Islam baut auf ein Weltbild, das auf dem Gegensatz von Endlichkeit und Ewigkeit besteht. Dieser Gegensatz ist der eigentliche Antrieb, um beharrlich auf dem spirituellen Weg zu gehen.

Die Schöpfung Gottes besteht aus zwei Teilen, dem Diesseits und dem Jenseits. Beide gehören zusammen wie zwei Seiten einer Münze. Weder das Diesseits noch das Jenseits können ohne die andere Seite existieren, und die eine gibt der anderen ihren Sinn. Doch Gott ist größer als Seine Schöpfung. Darum rufen die Muslime im Gebetsruf: „Allāhu 'akbar!“, „Gott ist größer!“

Al-Amin (ﷺ) sagte: „Die wahrste Gedichtsstrophe, die ein Dichter jemals gesagt hat, ist: ‚Es ist wahr, dass alles, was außer Allah ist, nichts Anderes ist als ein Nichts!‘“ [92]

Oh, Allah, erinnere uns an das, was wir vergessen haben,
gib uns Wissen über das, was wir noch nicht wissen,
und lasse unsere Taten mit jedem Tag sich an Güte und Mitgefühl
vermehren, sodass unser Ende besser ist als unser Anfang!
Denn uns Menschen gilt das höchste Lob als auch der tiefste Tadel.

Übung für den Tag

Gehe heute ganz bewusst mit in šā'a llāh durch den Tag.

إن شاء الله

„in šā'a llāh"

„Wenn Gott es will."

Mit dieser Formel wird die Abhängigkeit und Unwissenheit vor Gott formuliert. Sie ist die befreiende Formel von jedweder Selbstgefälligkeit. Sie ist die Formel der Gelassenheit und des Vertrauens auf Gott, dass das, was richtig und gut ist, durch Ihn geschehen wird bzw. nicht eintreten wird – und dann ist es gut so. Allah ist das Ziel, von Ihm kommt alles und zu Ihm kehrt alles zurück. Es gibt kein Dasein und keine Zukunft außer Ihm.

Im Alltag wird diese Formel nach jeder Aussage, die die Zukunft betrifft, ausgesprochen. „Ich werde morgen in die Stadt fahren, in šā'a llāh!" „Wir werden in fünf Tagen die Prüfung schaffen, in šā'a llāh!"

Eines Tages war Nasruddin mit einem Geldbeutel unterwegs zum Eselsmarkt. Als er an einem Bekannten vorbeiging, fragte dieser: „Wo gehst Du hin, Nasruddin?"

„Ich bin unterwegs zum Markt, um einen Esel zu kaufen!"

„Sag stets in šā'a llāh, Nasruddin!"

„Wieso denn, es ist doch klar, ich habe das Geld für den Kauf eines Esels bei mir und der Markt ist vor mir!" Mit diesen Worten ging Nasruddin weiter. Bevor er allerdings den Markt erreichte, wurde er von Dieben überfallen, auf den Kopf geschlagen und beraubt. Benommen und verwirrt machte er sich auf den Weg nach Hause und wieder ging er an dem Bekannten vorbei.

„Was ist passiert, Nasruddin?“, fragte dieser.

„Ich war auf dem Weg zum Markt, in šā'a llāh, und da wurde ich von Dieben überfallen, in šā'a llāh, die mich auf den Kopf schlugen, in šā'a llāh und mich meines Geldes beraubten, in šā'a llāh, und jetzt bin ich auf dem Weg zurück nach Hause, in šā'a llāhh!“

Wusstest du

Der Prophet (ﷺ) begann seinen Tag mit dem Rezitieren der Sura Al-Ichlas in der ersten rak'a und Sura Al-Kafirun in der zweiten rak'a. Er (ﷺ) beendete seine Gebete in der Nacht mit dem witr-Gebet und der Rezitation von Sura Al-Iẖlāṣ.

Der Gesandte Allahs (ﷺ) sagte: „Allah hat euch noch ein Gebet hinzugefügt, welches das witr ist. Allah setzte es für euch in der Zeit zwischen dem Nachtgebet und der Morgendämmerung ein.“ [93]

Das kürzeste Witr-Gebet besteht aus einer Gebetseinheit, da der Prophet (ﷺ) sagte: „Das Witr-Gebet besteht aus einer Gebetseinheit am Ende der Nacht.“ [94]

Es ist aber auch erlaubt, das Witr-Gebet mit drei, fünf, sieben und neun Gebetseinheiten zu verrichten.

24. RAMADANTAG

QADAR

SCHICKSAL

Der Prophet (ﷺ) sagte: „Das Paradies liegt jedem von euch näher als seine Schuhsohlen, und das Höllenfeuer genauso!“ 95

أَفَحَسِبْتُمْ أَنَّمَا خَلَقْنَاكُمْ عَبَثًا وَأَنَّكُمْ إِلَيْنَا لَا تُرْجَعُونَ

„Habt ihr denn gedacht, dass Wir euch in bloß müßigem Spiel erschaffen haben und dass ihr nicht zu Uns würdet zurückkehren müssen?“ (23:115)

Wir wurden von Allah vom Paradies zur Erde gesandt, nicht aus Strafe, sondern um den Segen zu erkennen, den Allah in uns eingehaucht hat, um unsere Verbundenheit mit dem Ewig-Seienden zu erfahren und zu leben.

All die Prüfungen, denen wir gestellt werden, sind da, um die weltliche Schale zu brechen, in die wir gehüllt wurden, und um mit unserem tiefsten Inneren Seine Herrlichkeit, Seine Allumfassende Gnade für uns zu erkennen.

Die Geschichte von Adam und Eva gibt uns ein tiefes Verständnis über unser Schicksal auf dieser Erde.

Was bedeutet qadar, Schicksal? Dass Allah im Voraus alles weiß, was wir nicht wissen, bis es eintrifft und wir uns darum kümmern müssen, das heißt qadar. Wir haben keinen Einfluss auf qadar. Die Dinge des qadar sind geschrieben.

Aber es gibt einige Dinge, die uns betreffen, die auf unsere eigene Rechnung gehen, denn zum Konzept qadar gehört auch qaḍā`. Qaḍā` bedeutet, was wir aus unserem qadar, unserem Schicksal, machen.

Qadar ist eines der schwierigsten Themen, die wir Menschen aufnehmen und verstehen können, und es kann nur von einem gläubigen Herzen gehalten werden. Und ich möchte es näherbringen, indem ich mit unserem Ursprung beginne:

Die Geschichte von Iblis und von Adam und Eva (ḥawā'):

Iblis war ein Dschinn, der Tausende Jahre zu Allah gebetet hatte und Allah hatte ihn erhöht.

Es kam der Moment, in dem Allah zu den Engeln sagte: *„Seht, ich bin dabei, auf Erden einen Nachfolger (halīfa) einzusetzen.“* (2:30)

Halīfa kann „Generation“ bedeuten, kann „stellvertretend“ bedeuten, aber es kann auch bedeuten, dass jemand anderes vorher dort war und sie jetzt ihren Platz einnehmen.

„Sie antworteten: ‚Willst Du auf ihr einen solchen einsetzen, der darauf Verderbnis verbreiten und Blut vergießen wird, während wir es sind, die Deinen grenzenlosen Ruhm lobpreisen und Deinen Namen heiligen?‘“ (2:30)

Doch Gott antwortete: *„Wahrlich, Ich weiß, was ihr nicht wisst.“* (2:30)

„Und als Wir den Engeln sagten: ‚Werft euch nieder vor Adam!‘, warfen sich alle nieder außer Iblis, der sich weigerte und in seinem Hochmut schwelgte und also wurde er einer von jenen, welche die Wahrheit leugnen.“ (2:34)

Adam wurde große Ehre zuteil, so wie auch Iblis große Ehre gegeben wurde, als er als Dschinn in die himmlische Schar aufgenommen wurde. Doch als Allah die Engel bat, sich vor Adam niederzuwerfen, lehnte er ab.

Im Paradies befahl Allah Adam und Eva, sich einem gewissen Baum nicht zu nähern: *„Oh, Adam, wohne du und deine Frau in diesem Paradiesgarten und esst freizügig davon, alle beide, was immer ihr möchtet, aber naht nicht diesem einen Baum, sonst werdet ihr Übeltäter."* (2:35)

Daraufhin flüsterte Satan den beiden ein, mit der Absicht, ihnen ihre Blöße bewusst werden zu lassen, derer sie (bis dahin) ungewahr gewesen waren und er sagte: *„Euer Herr hat euch diesen Baum nur verboten, dass ihr beide nicht Engel werdet oder von den Unsterblichen (ḫālidūn) werdet."* (7:20)

Als Adam und Eva vom Baum aßen, sagte Allah: *„Hinab mit euch!"* (7:24). Jetzt müsst ihr das Paradies verlassen und auf die Erde gehen: *„Dort sollt ihr leben und dort sollt ihr sterben, und von dort sollt ihr (am Auferstehungstag) hervorgebracht werden."* (7:25)

Adam und Eva hätten sagen können: „Allah, dies war schon Deine Absicht, noch bevor wir vom Baum gegessen haben. Es war also sowieso Dein Plan."

Genau das hatte Iblis ihnen gesagt: „Ihr lebt in der ǧanna, im Paradies, aber Allahs Plan ist es, euch auf die Erde hinabzusenden, denn hier sind nur die Engel ständige Bewohner. Wenn ihr aber von diesem Baum esst, werdet ihr entweder Engel oder von den ḫālidūn, jene die dauerhaft in ǧanna sind. Deshalb möchte er nicht, dass ihr von diesem Baum esst. Also macht es!"

Wenn Allah bereits weiß, was passieren wird, warum ist es meine Schuld?

Aber Adam und Eva sahen das nicht so. Sie sagten nicht: „Du, Allah, hast uns dazu gebracht, diesen Fehler zu machen!"

„Die beiden sagten: ‚Oh, Herr! Wir haben uns an uns selbst versündigt, und wenn Du uns nicht Vergebung gewährst und Deine Barmherzigkeit erteilst, werden wir ganz gewiss verloren sein!'" (7:23)

Beide, Iblis und Adam, wurden geehrt und beide scheiterten. Doch was nach dem Fehler passierte, war ganz anders.

Iblis sah seinen Akt nicht als Fehler an, er erklärte: „Ich bin aus Feuer gemacht, ich habe Tausende Jahre lang zu Dir gebetet, ich bin viel länger hier, er ist nur aus Ton und Dreck. Warum sollte ich mich vor ihm niederwerfen?"

„Ich bin besser als er. Du hast mich aus Feuer erschaffen, während Du ihn aus schlammiger Erde erschaffen hast!" (7:12)

Was er sagte, war sehr logisch. Er blieb in seiner Arroganz und Selbstgefälligkeit verfangen.

Er versuchte auch, die Schuld Allah zu geben, als er sprach: „Ich habe keine Macht oder eigenen Willen. Du, Allah, bist Der Handelnde und Jener, Der uns dazu bringt, Dinge zu tun. Wenn Du es hättest wollen, hättest Du mich dazu gebracht, mich niederzuwerfen!"

Was Iblis wirklich wollte, waren Anerkennung und Bewunderung. In uns besteht auch eine Liebe dazu. Daraus ergeben sich auch andere Schwächen wie der Vergleich und das Urteilen.

Wir tun so oft Dinge für Anerkennung und Bestätigung und deshalb ist die Absicht, niyya, unseres Herzens in unseren Handlungen so wichtig.

„Wahrlich, Gott weiß alles, was sie geheimhalten und was sie offenlegen. In der Tat Er liebt die Arroganten nicht." (16:23)

Doch Adam und Eva nahmen die Schuld bewusst auf sich! Sie standen auf und übernahmen Verantwortung, weil sie an die ewige Weisheit und Barmherzigkeit Allahs glaubten.

„Die beiden erwiderten: ‚Oh, unser Herr! Wir haben uns an uns selbst versündigt, wenn Du uns nicht Vergebung gewähret und Deine Barmherzigkeit erteilst, werden wir gewiss verloren sein!'" (7:23)

Adam nahm den Fehler auf sich und sprach: „Ich beging den Fehler, ich Dein Diener!“ Diese Haltung, diese Ergebung, erhob Adam in den Stand eines Propheten auf Erden.

Wie wir handeln und reagieren, welche Absicht wir haben, das liegt in unserer Hand.

Dann kommt Allahs Gnade: *„Daraufhin empfing Adam Worte (der Rechtleitung) von seinem Erhalter, und Er nahm seine Reue an, denn wahrlich, Er allein ist der Reueannehmende, der Gnadenspender.“* (2:37)

Der Intellekt allein kann die Bedeutung von Allahs Anordnungen nicht begreifen. Der Intellekt muss vom Herzen gehalten und genährt werden. Beide gemeinsam beleben adab, wahrhaftiges Benehmen, in uns. Adab, in seiner essenziellen Natur, bedeutet die Fähigkeit, die Göttliche Wirkung, den Göttlichen Sinn in allem zu erkennen.

Das Leben ist schön, aber nicht einfach. Es ist ein Ort der Prüfung und ein Ort der Anstrengungen, der Entscheidungen und des Wählens.

Allah hat uns aber auch auf unserem Lebensweg immense Hilfe und Unterstützung geschenkt. Er hat uns die Natur gegeben, Er hat uns seine Offenbarung gegeben, Er hat uns reine Menschen gegeben, Propheten, Friede sei mit ihnen, um uns zu zeigen, welches große Potenzial und welche Schönheit wir in uns tragen und wie wir beides im Leben und in und mit der Schöpfung leben können.

Er hat uns Seine Göttlichen Namen gegeben, um unser Wissen über Ihn zu vertiefen und uns durch sie zu färben und Seine Liebe zu erfahren.

Erinnere dich, wer du wirklich bist, warum du hier bist und wohin du danach gehen wirst, nach Hause, zurück ins Paradies und sei achtsam: *„Wahrlich, diejenigen, die sich Gottes bewusst sind, besinnen sich (auf Ihn), wann immer eine dunkle Anregung von Satan sie berührt, sie sich Allahs erinnern, woraufhin sie die Dinge klar sehen.“* (7:201)

Wenn wir also auf die Versuchung hören, wenn unser niedriges Nafs mit dem Flüstern Shaytans zusammenarbeitet, nennen wir das šarru l-qaḍā', die Entscheidung, schlecht zu handeln. Allah macht uns nicht für unser Schicksal, qadar, verantwortlich, sondern für den qada', wie wir damit umgehen. ẖayru l- qaḍā', ist die Entscheidung zum Guten. Dafür werden wir von Allah belohnt – inshallah, so will Allah.

Zusammenfassend kann man sagen: Qadar ist in der Hand Allahs, aber qaḍā' ist in unserer Hand.

In dieser Hinsicht stehen wir zusammen mit Allah in einem tiefen Dialog des Schicksals.

Jetzt können wir den Glaubensatz: „`āmantu bil qadari wa l-qaḍā'i ẖairihi wa šarrihi", „Ich glaube an das geschriebene Schicksal und an deren Ausführung im Guten wie im Schlechten", etwas besser wahrnehmen.

Natürlich sind die Grenzen zwischen qadar und qaḍā' im Leben oft ineinandergreifend und nicht immer leicht zu unterscheiden.

„Aber (da) Gut und Übel nicht gleich sein können, wehre Übel mit etwas ab, was besser ist; und daraufhin wird derjenige zwischen dem und dir Feindschaft war, nahe sein, ein wahrer Freund." (41:34)

Wir alle machen Fehler und tun und sagen Dinge, die wir nicht hätten tun oder sagen sollen.

Wenn wir einen Fehler machen, kommt Iblis zu uns und flüstert: „Ich weiß, dass du einen Fehler gemacht hast, aber der andere handelte auch falsch. Du wurdest wütend, aber der andere war auch gemein. Du standest unter Druck, es ist ganz verständlich, ja logisch, dass du so reagiert hast. Es ist in Ordnung, fühle dich nicht schlecht!"

Das Nafs beginnt, die Fehler und Schwächen zu rechtfertigen, es geht von der Welt der Wahrhaftigkeit in die Welt der Kompromisse.

Und wenn wir stehlen, beginnt das Nafs sich zu rechtfertigen: Was soll ich tun? Ich kann die Rechnungen nicht bezahlen. Was soll ich tun? Ich muss überleben!

Iblis flüstert: „Du musst dich nicht so schlecht fühlen. Bleib stolz und stark!“ Und wenn du dich ändern willst, klingen die Stimmen des Shaytan vielleicht so: „Du bist nicht gut genug, du wirst immer zu kurz kommen! Du wirst diese Sucht niemals überwinden, du bist zu sündig für Gott! Das, was du da machst, ist keine große Sache, wenn du es nicht tust, macht es ein anderer. Nur noch einmal und dann kannst du das aufgeben, Gott ist es egal, was du tust! Gott wird sowieso niemanden so Schlechten wie dich akzeptieren, also kannst du genauso gut das tun, was sich gut anfühlt!“

Der Teufel lebt von Hoffnungslosigkeit und Verzweiflung. Er wird deine Mängel und Schwächen nutzen, um dir Angst und Scham zu vermitteln und dir das Gefühl vermitteln, dass du es nicht wert bist, eine Beziehung zu Gott zu haben.

Durch istiġfār befreien wir uns von Iblis, befreien uns vom niedrigen Nafs und kommen der natürlichen Schönheit, der natürlichen Güte, unserer fitra, unserer wahren Urnatur näher.

Ich werde mich nicht hinter meiner Wut und Versuchung, meinem Stolz oder meiner Arroganz, meiner Vergesslichkeit, meinen Schwächen und Rechtfertigungen verstecken, ich werde keine Ausreden machen und mein Gewissen vergessen.

„Der Mensch wird an jenem Tag von dem in Kenntnis gesetzt, was er getan hat und was er ungetan ließ, denn der Mensch wird gegen sich selbst ein Augenzeuge sein, auch wenn er sich selbst in Entschuldigungen hüllen mag.“ (75:13-15)

In dieser Welt braucht der Mensch Führung, und die erste Führung für die Menschheit war, Allah um Vergebung zu bitten. Um Vergebung zu bitten, bedeutet nicht nur, um Führung zu bitten, sondern auch die Bereitschaft zu zeigen, Verantwortung für mein Leben zu übernehmen, für die Aufgaben und Herausforderungen, die Allah mir gibt.

In istiġfār liegt die große Schönheit der Hingabe, und Hingabe ist tiefes Vertrauen, ist Präsenz und Bewusstsein, ist Gottesbewusstsein, taqwa, ist Güte, ist Dankbarkeit.

Istiġfār ist aber auch, die Mängel in unseren guten Taten abzudecken. Unsere Fehler Allah hinzuhalten, ist ein Schritt in die Freiheit.

Fehler zuzugeben ist peinlich, aber vor Allah ehrt es uns, würdigt es uns und erhebt es uns.

Am Tag des Gerichts ist unser letztes Bittgebet du'a auf dem Weg vor Gott, wenn wir unsere Hand ausstrecken, um den Pfad zu finden:

ربنا أتمم نورنا واغفر لنا

rabbana atmim nūrana wa ġfir lanā

„Stärke das Licht in unserer Brust (das Herz) und vergib uns.
Gib uns Licht, um es zum Tor des Paradieses, ğanna, zu schaffen."

Und Allah sagt uns in Seiner unendlichen Liebe:

وَرَحْمَتِى وَسِعَتْ كُلَّ شَىْءٍ

„Und Meine Gnade übergreift Alles." (7:156)

Möge dieser gesegnete Monat uns darin unterstützen und stärken, stets Allahs Vergebung und Führung anzurufen:

„Denn solltet ihr versuchen, Gottes Segnungen zu zählen,
ihr könntet sie niemals erfassen!" (16:18)

Übung für den Tag

Wiederhole hundertmal:

اللهم أستغفرك و أتوب اليك

Allāhumma astaġfiruka wa atubu ilayka

„Oh, Allah, ich suche Zuflucht und Vergebung bei Dir
und ich wende mich in Verzeihung zu Dir."

Wusstest du

Die Formel mā šā'a llāh, „was Gott wollte (ist eingetreten)", bezieht sich auf die Vergangenheit und die Gegenwart. Die Begebenheit oder der Beginn der Begebenheit ist vergangen, aber seine Entfaltung, seine Wirkung oder unsere Feststellung davon ist Gegenwart. Die Formel wird auch verwendet, wenn ein Mensch oder eine Sache bewundernswert sind und man dies lobend anerkennen möchte, ohne Neid oder Eifersucht aufkommen zu lassen. Allein, wenn man sich durch die Formel daran erinnert, dass alles von Gott abhängt und zu ihm zurückkehrt. Das hält das Herz frei, macht zufrieden und macht aus uns eine Genießerin, einen Genießer der Schönheiten.

Wenn man ein schönes Kind sieht, sagt man: „mā šā'a llāh!" Wenn jemand schön singt und man die Stimme loben möchte, wenn jemand von schneller Auffassung ist, wenn eine schöne Landschaft auftaucht, sagt man:

„mā šā'a llāh"

25. RAMADANTAG

DER PROPHET (ﷺ)

„Das Beste an Worten ist im Buch Allahs verkörpert, und das Beste der Führung ist die Führung, die Muhammad (ﷺ) gegeben hat.“ [96]

„Und wir sandten dich (Oh Muhammad) nur aus Barmherzigkeit zu den Weltbewohnern.“ (21:107)

Es ist die sanfte und weise Güte des Propheten (ﷺ), die uns immer wieder erlaubt, unseren Glauben zu vertiefen. Der Prophet Muhammad (ﷺ) ist der Gesandte Allahs, durch ihn (ﷺ) haben wir den heiligen Koran in unsere Hände gelegt bekommen, doch er (ﷺ) hat auch diesen Koran verkörpert in seinen Worten und Taten und war und ist für uns ein Vorbild und Lehrer.

Der Prophet (ﷺ) ist nicht nur *„das Siegel aller Propheten“* (33:40), sondern er (ﷺ) ist der Überbringer einer universellen Botschaft, die für alle Menschen und alle Zeiten gültig ist. Er (ﷺ) brachte uns den Koran von Allah mit der Einen Wahrheit, die auch in allen vorangehenden Offenbarungen pulsiert.

Jeder der vorangegangen Propheten Gottes, Friede sei mit ihnen, zeigten einen Teil dieser Wahrheit auf und der Prophet Muhammad (ﷺ) formte den abschließenden Teil aller Offenbarungen.

Allah sagt uns im Koran: „*Wir machen keinen Unterschied zwischen irgendeinem von Seinen Gesandten.*" (2:285) Sie alle zeigten uns auf, was und wie ein Mensch sein kann und soll.

Der Prophet Muhammad (ﷺ) ist unser Lehrer, unser Warner und unser Tröster, der uns durch die Göttliche Offenbarung, durch den Koran führt und uns das beste Vorbild gibt, wie wir eingebettet in die Göttlichen Gesetzlichkeiten hier in dieser Welt und gleichzeitig in ewiger Verbundenheit mit Allah leben können.

Deswegen sagt uns Allah: „*Wer immer auf den Gesandten acht gibt, der gibt dadurch acht auf Gott.*" (4:80)

Indem wir auf das achten, was der Prophet (ﷺ) gesagt und getan hat, wird uns der Weg zur Erkenntnis, zum Licht und zum Sinn unseres Seins gezeigt.

Der Prophet (ﷺ) erklärte uns seine Aufgabe und sagte: „Mein Gleichnis und das Gleichnis der Menschen ist wie ein Mann, der ein Feuer angezündet hat, und als dieses seiner Umgebung Licht spendete, fingen die Motten und die Tierchen, die normalerweise hineinfallen, an, sich hineinzustürzen. Da fing dieser Mann an, diese vom Feuer zurückzuweisen, während sie ihn überkamen und sich doch anschließend hineinstürzten. Ich bin also der, der euch vom Feuer zurückhält, und ihr besteht darauf, euch hineinzustürzen!" [97]

Der Prophet Muhammad (ﷺ) zeigte uns in so vielen Situationen, wie wir Frieden, Respekt und Toleranz ausüben können. Er (ﷺ) zeigte uns den Weg auf, wie wir ganz in der Göttlichen Ergebung weilen können, um aus ihr heraus eine gerechte, respektvolle Gemeinschaft formen zu können.

Die Sunna des Propheten (ﷺ) lehrt uns Muslime und fordert uns auf, ihm (ﷺ) in allen Details zu folgen, in der Art wie er sprach, aß, wusch, betet, liebte, um so seinen Geist, seine vollkommene Menschlichkeit hier auf Erden zu beleben und von ihm (ﷺ) die tiefe Hingabe an Gott zu erfahren.

Wenn wir den Propheten (ﷺ) preisen, öffnen wir unser Herz und unser Bewusstsein, um uns zeigen zu lassen, wie wir unser Leben leben können.

Der Prophet (ﷺ) glaubte tief daran, dass das Gute im Menschen jederzeit aufblühen kann, wenn Allah es will, und er (ﷺ) zeigte uns auf, wie wir mit uns selbst umgehen sollen und wie wir uns mit unseren Mitmenschen benehmen sollen.

Er (ﷺ) zeigte uns auch auf, wann wir uns auch beschützen und verteidigen sollen, wenn wir sehen, dass Menschen sich für den Hass, die Verleumdung und die Trennung entschieden haben.

Der Geliebte Allahs (ﷺ) konnte die Schmerzen, die Verluste, die Sorgen und Schwierigkeiten der Menschen gut nachvollziehen, denn Allah hatte ihm (ﷺ) selbst all diese Erfahrungen gegeben.

Jede Mutter, die ihr Kind verloren hat, verbindet sich mit dem Propheten (ﷺ), denn auch er (ﷺ) hat seine Kinder zu Lebzeiten verloren.

Jeder, der einen geliebten Menschen vor sich sterben sah und dadurch den Halt verloren hat, kann sich mit dem Propheten (ﷺ) verbinden, denn er (ﷺ) hat seine geliebte Frau und seinen geliebten Onkel und Unterstützer verloren.

Jeder Mensch, dessen Familie sie/ihn nicht versteht und ausstößt, kann sich mit dem Propheten (ﷺ) verbinden, denn sein Stamm stieß ihn aus und bekämpfte ihn (ﷺ).

Jeder Mensch, der allein und als Waise auf dieser Welt weilt, kann sich mit dem Propheten (ﷺ) verbinden, denn er (ﷺ) war Waise schon in jungen Jahren.

Jeder Mensch, der von Kollegen und Mitmenschen gekränkt und verletzt wird, kann sich mit dem Propheten (ﷺ) verbinden, denn er (ﷺ) wurde von vielen beschimpft und mit Steinen beworfen.

In deinen höchsten Erfolgen und in deinen tiefsten Niederlagen nimm den Propheten (ﷺ) als deinen Lehrer und deinen Tröster. Lass dich durch sein (ﷺ) Vorbild stärken und nähren, so dass du zu deiner Stärke und deiner Zuversicht kommst.

Wenn wir über unseren Propheten (ﷺ) Segen und Frieden aussprechen, dann führen wir aus, was Gott uns beauftragt hat zu tun: *„Wahrlich, Gott und Seine Engel segnen den Propheten, (darum) oh ihr, die ihr Glauben erlangt habt, segnet ihn und gebt euch hin (seiner Rechtleitung) in äußerster Selbstergebung.“* (33:56)

Wenn wir den Propheten Muhammad (ﷺ) preisen, erinnern wir uns auch daran, wer wir wirklich sind.

Wenn wir die schönen Eigenschaften des Propheten (ﷺ) und aller Propheten, Friede sei mit ihnen, vor ihm (ﷺ) preisen und bezeugen, öffnen wir uns der Schönheit, die Allah in uns gelegt hat, und öffnen uns dem Licht und der inneren Schönheit unserer eigenen Seelen.

Wenn wir den Propheten (ﷺ) preisen und darüber nachdenken, öffnen wir uns auch für unser innewohnendes größtes menschliches Potenzial.

Jedes Mal, wenn wir den Propheten (ﷺ) preisen, loben wir tatsächlich auch unsere Reinheit und Schönheit. Durch die Segnung des Propheten (ﷺ) bringen wir unser Bewusstsein auf eine höhere Ebene, wir öffnen uns für das Licht in uns.

Wer den Propheten (ﷺ) segnet, segnet zugleich die Welt, das Ganze und die Teile, sodass die Segnung vervielfacht auf den Menschen zurückfällt, der sein Herz in dieses Gebet gegeben hat.

Der Prophet (ﷺ) sagte: „Wenn jemand mich einmal segnet, wird Allah ihn zehnmal segnen.“ [98]

Die Absicht des „Gebets auf den Propheten“ ist das Streben des Menschen nach Ganzheit. Die Ganzheit ist das, wovon wir ein Teil sind; wir sind ein Teil, nicht Gottes, der ohne Teile ist, sondern Teil Seiner Schöpfung.

Der Prophet Muhammad (ﷺ) lehrt uns, wie wir innere Reinheit mit äußerem Gehorsam vereinen können. Er (ﷺ) zeigt uns, wie wir unser Herz von Gier, Neid, Arroganz, Eifersucht und niedrigen Begierden erlösen können: „Ich wurde gesandt, um den guten Charakter zu vervollkommnen.“ [99]

Der Prophet (ﷺ) lebte den Koran, indem er uns zeigte, wie wir über das Bewusstsein und die Ausübung von Gerechtigkeit und Rechtmäßigkeit die Güte und Vortrefflichkeit in unserem Herzen erlangen können: *„Siehe, Gott gebietet Gerechtigkeit und das Tun des Guten und Großzügigkeit gegenüber den Mitmenschen und Er verbietet alles, was schmachvoll ist und alles, was der Vernunft und dem moralischen Sinn zuwiderläuft, wie auch Neid, und Er ermahnt euch (wiederholt), auf dass ihr (all dies) im Gedächtnis behalten möget.“* (16:90)

Denn es ist das Herz, das dem Verstand beibringt, gütig, vergebend zu sein, und die Wichtigkeit, zu verzichten, sowie den Menschen von sich selbst und ihrem/seinem Besitz etwas zu geben.

Der heilige Koran wurde im Herzen des Propheten (ﷺ) offenbart und es ist unser Herz, das trinken soll und das uns auf eine höhere Ebene bringt.

Muhammad (ﷺ) zeigt uns dies in allen Ebenen unseres weltlichen Daseins, im Alltag, im Kampf, in der Kunst, im Umgang mit den Mitmenschen und mit der Schöpfung, in Zeiten des Friedens und in Zeiten des Krieges.

Er (ﷺ) lehrte uns, unsere Güte und Liebe den Armen und Alten zu zeigen, den Kindern Aufmerksamkeit zu schenken und höfliche Achtung den Frauen.

Er (ﷺ) lehrte uns, die Natur und alle Lebewesen zu bewundern und von ihnen zu lernen. Er (ﷺ) zeigte uns, dass nur jene Gott nahe sein können, die auch den Menschen Achtung und Aufmerksamkeit entgegenbringen.

Er (ﷺ) zeigte uns, dass wir durch gegenseitige Beratung zu den besten Resultaten kommen und dass Sanftmut und Einsicht Kluften überwinden können und dass Großzügigkeit und Solidarität Trennungen auflösen können.

Er (ﷺ) zeigte uns, wie man Durchsetzungsvermögen, Anstand und Entschlusskraft in sich fördern kann und dass man stets dem Verstand und dem Herzen eines anderen Menschen Achtung entgegenbringen soll.

Er (ﷺ) zeigte uns die Wichtigkeit eines offenen und befreiten Geistes und wie essenziell Wissen und Bildung sind und er (صلى الله عليه وسلم) zeigte uns, dass jedem Menschen Würde gegeben wurde und dass man Geheimnisse bewahrt und üble Nachrede vermeidet.

„Wir sind dem Menschen näher als seine Halsschlagader." (50:16)

Der Prophet Muhammad (ﷺ) zeigte uns, dass wir eine Beziehung zu Allah aufbauen sollen. Dazu gehört nicht nur, den Koran zu lesen oder seiner poetisch-schönen Sprache zu folgen, sondern seine Botschaft zu verstehen und sie im Diesseits umzusetzen zu suchen.

Der Prophet Muhammad (ﷺ) ist unserer Mu'allim. Mu'allim kommt von 'ilm. 'Ilm wird mit „Wissen" übersetzt, doch 'ilm ist mehr. Es ist, durch die Verwendung deines Verstandes und deiner Sinneswahrnehmungen zu dem Wissen zu kommen, das durch Verstand und Sinneswahrnehmung nicht erreicht werden kann.

„Sag (Oh Prophet): Oh, Menschheit! Die Wahrheit von eurem Erhalter ist nun zu euch gekommen. Wer immer daher wählt, dem rechten Pfad zu folgen, der folgt ihm nur zu seinem eigenen Wohl und wer immer irrezugehen wählt, geht irre nur zu seinem eigenen Schaden." (10:108)

Das Gebet auf den Propheten (ﷺ) symbolisiert den Sinn unseres Strebens nach unserer existentiellen Ganzheit und die stete Vergegenwärtigung unserer geistigen Mitte.

Unsere Bewegung auf die Ganzheit zu ist eine Bewegung, deren elementarster Ausdruck die raḥma, die Barmherzigkeit ist, denn sie ist die Kraft, die uns Allah schenkt, um die täuschenden und leidenschaftlichen Trennungen zwischen ich und du aufzuheben.

Der Prophet (ﷺ) stellt für uns alles auf einmal dar: Er (ﷺ) zeigt uns unsere Ganzheit und unsere Mitte, unser Dasein und unsere Erkenntnis.

Als einst der Prophet (ﷺ) Sa'd ibn Ubaydah besuchte, brachte er (ﷺ) Brot und Olivenöl und sagte: „Mögen die Fastenden ihr Fasten mit dir brechen und die Frommen dein Essen essen und die Engel um Segen für dich bitten." [100]

MÖGE ALLAH AUCH AUF UNS DIESEN SEGEN AUSWEITEN.

Āmīn, ya rabba l-'ālamīn, „Amin, Herr aller Welten."

ÜBUNG FÜR DEN TAG

„Doch das, was bleibt, sind gute Taten, al-bāqiyāt aṣ-ṣāliḥāt, *deren Frucht für immer dauert."* (18:46)

Al-bāqiyāt aṣ-ṣāliḥāt kommt im Koran zweimal vor (19:76).

Dies sind die ewig Guten, die Bleibenden al-bāqiyāt aṣ-ṣāliḥāt:

Subḥāna llāh

Alḥamdu li-llāh

Lā ilāha illā llāh

Allāhu akbar

Nach dem Gebet wiederhole jede dieser Formeln 33-mal.

Allahs Gesandter (ﷺ) sagte: „Zu sagen: Subḥāna llāh, wa-l-ḥamdu li-lāh, wa lā ilāha illa llāh, wa-allāhu 'akbar (Preis sei Allah, alles Lob gebührt Allah, es gibt keinen Gott außer Allah, Allah ist am Größten), ist mir lieber als alles, worüber die Sonne aufgeht." [101]

AS-SALĀMU 'ALAYKUM, DER GRUSS DES FRIEDENS.

SALAM ZU JEDEM TEIL IN DIR, DEM GIERIGEN TEIL UND DEM GROSSZÜGIGEN TEIL, DEM LÖWEN IN DIR UND DEM ANGSTHASEN IN DIR, DEM GRAUSAMEN KRITIKER UND DEM SANFTEN, DEM MELANCHOLISCHEN UND MITFÜHLENDEN, DEM FREUDIGEN UND DEM FAULEN, DEM AGGRESSIVEN, DEM STUREN UND DEM VERGEBENDEN.

MÖGEN SIE IN FRIEDEN ZUSAMMENKOMMEN, SALAM.

WUSSTEST DU

IBLĪS:

aus der Wortwurzel b-l-s kommen die Bedeutungen: „enttäuscht sein", „jemand, der keine Hoffnung mehr hat", „jemand, der nichts Gutes in sich trägt", „jemand, der andere hoffnungslos gemacht hat", „jemand, der andere verwirrt", „jemand, der voller Kummer ist", „verzweifeln".

IBLĪS, derjenige, der die Hoffnung auf die Barmherzigkeit Gottes verloren hat. Iblis ist das verwirrende Prinzip, das Zweifel und Misstrauen sät.

ŠAYṬĀN:

aus der Wortwurzel š-y-ṭ kommen die Bedeutungen: „jemanden von seinem Vorhaben abbringen", „verführen", „hochmütig", „der keine Ruhe hat und stets auf Schaden sinnt", „verschlagen", „listig", „böswillig und schwer umgänglich", „wutentbrannt sein", „aufbrausen".

SATAN ist das Prinzip, das dem Menschen Böses einflüstert, durch betrügerische Versprechungen, durch Verführung, das Vorgaukeln von Illusionen und Vorspielung von in Wirklichkeit unnützen Zielen.

26. RAMADANTAG

LAYLAT AL QADR

`A´ischa, Allahs Wohlgefallen auf ihr, berichtete: „Der Gesandte Allahs (ﷺ) sagte: ‚Erwartet laylatu-l-qadr (die Nacht der Macht) in den letzten zehn Tagen im Ramadan.'“ [105]

Die herrschende Lehrmeinung sagt, dass der Gesandte Allahs (ﷺ) den genauen Zeitpunkt von Laylat Al-Qadr deshalb offen ließ, um den Muslimen in diesem segensreichen Monat mehr Gelegenheit zum Eifern um das Wohlwollen Allahs zu geben.

Die Laylat Al-Qadr formt den spirituellen Höhepunkt des Monats Ramadan.

Im Koran wurde eine ganze Sure dieser schicksalhaften Nacht gewidmet: Sure Al-Qadr (97):

إِنَّآ أَنزَلْنَـٰهُ فِى لَيْلَةِ ٱلْقَدْرِ
وَمَآ أَدْرَىٰكَ مَا لَيْلَةُ ٱلْقَدْرِ
لَيْلَةُ ٱلْقَدْرِ خَيْرٌ مِّنْ أَلْفِ شَهْرٍ
تَنَزَّلُ ٱلْمَلَـٰٓئِكَةُ وَٱلرُّوحُ فِيهَا بِإِذْنِ رَبِّهِم مِّن كُلِّ أَمْرٍ
سَلَـٰمٌ هِىَ حَتَّىٰ مَطْلَعِ ٱلْفَجْرِ

„Wir haben den Koran in der ‚Nacht der Bestimmung' herabgesandt. Und was lässt Dich wissen, was die ‚Nacht der Bestimmung' ist? Die Nacht der Bestimmung ist besser als tausend Monate. In ihr kommen die Engel herab und der Geist, mit der Ermächtigung ihres Herrn, mit jeglichem (göttlichen) Beschluss Friede ist sie, bis zum Anbruch der Morgendämmerung." (Sure 97: 1-5)

Aus all dem geht hervor, dass die Nacht der Bestimmung (laylat al-qadr) die Nacht der Ehre, der Macht, des Schicksals und des Friedens ist.

Allah sagt: „inna anzalnāhu fi laylatu l-qadr": *„Wir haben den Koran in der ‚Nacht der Bestimmung' herabgesandt."* (97:1)

Wir selbst, Allah, nicht Gabriel, Ǧibrīl, haben den Koran herabgesandt.

Die vollständige Offenbarung kam vom siebten Himmel herab, vom Al-Lawḥ al-Maḥfūḏh, die konservierte Tafel zum ersten Himmel in einer Nacht.

Der Al-Lawḥ al-Maḥfūḏh, die konservierte Tafel, ist der Ort, an dem die Dekrete Allahs aufbewahrt werden. Erhalten und geschützt vor allem, was hinzugefügt oder weggenommen wird, oder vor Änderungen oder Ergänzungen.

„Siehe, Wir Selbst sind es, die diesen Koran von droben Schritt für Schritt erteilt haben und Wir sind es, die ihn (vor aller Verfälschung) hüten werden." (15:9)

Vom ersten Himmel wurde der Koran in einer Periode von 23 Jahren auf das Herz des Gesandten Allahs (ﷺ) durch den Engel Gabriel, Ǧibrīl, offenbart. Die Herabsendung begann in der Nacht der Macht, qadr.

Qadr bedeutet „Gleichgewicht in allem", „Berechnung", „Dekret", „Wert". Es ist die Nacht des Schicksals.

In dieser Nacht werden wichtige Entscheidungen für den Rest des Jahres getroffen. Die Engel kommen, um diese Entscheidungen auszuführen. Lebende Befehle kommen herunter.

Der Engel Ǧibrīl kam jedes Jahr im Monat Ramadan herab, um den Koran mit dem Propheten (ﷺ) zu wiederholen, nur in seinem (ﷺ) letzten Ramadanmonat wurde der Koran zweimal gemeinsam wiederholt.

„Und was lässt Dich wissen, was die ‚Nacht der Bestimmung' ist?" (97:2): Mit Laylat al-Qadr sprechen wir von einer bestimmten Nacht, die in jedem Ramadanmonat wiederholt wird.

Doch wir reden auch von einer Nacht im Jahr 610 n. Chr., als der Prophet Muhammad (ﷺ) sich wie gewöhnlich in die kleine Felsennische namens Ḥīra und auf den „Berg des Lichts", ǧabal an-nūr, in der Nähe von Mekka begab, wo er sich aus der Hektik des Lebens in der Stadt zurückzog.

Doch jetzt kam die Nacht über ihn, in der der Engel Gabriel, Ǧibrīl, von Allah, seinem Herrn gesandt, den Propheten (ﷺ) besuchte und ihm die erste Offenbarung brachte.

Von da an nahm der Islam seinen Lauf und es ist wichtig, zu erkennen, dass wir ohne diese Nacht und die Ereignisse dieser Nacht keine Muslime wären. Laylat al-Qadr ist der Jahrestag des Korans.

Diese Nacht ist uns in Wirklichkeit so nahe – lass dich nicht von den Jahren ablenken, die zwischen ihr und uns liegen. Die Zeit spielt hier eine untergeordnete Rolle. Wir befinden uns in unmittelbarer Nähe des Propheten (ﷺ) und in unmittelbarer Nähe zu Allah, insbesondere in Nächten wie der Laylat al-Qadr.

„Die Nacht der Bestimmung ist besser als tausend Monate." (97:3)

Tausend Monate des islamischen Kalenders handeln von einem vollen menschlichen Leben. Also sagt uns Allah: „Diese Nacht ist besser als alles, was wir in einer Lebensspanne anhäufen könnten."

Tausend Monate belaufen sich auf ungefähr 84 Jahre. Es bedeutet die Zahl von Jahren, die ein langlebiger Mensch bekommt. So ist diese Nacht besser als ein ganzes Leben.

Unser ganzes Leben kann als ein Akt der Anbetung angesehen werden. Viele Prediger ermahnen uns immer wieder ausführlich vor dem Höllenfeuer, doch vor allem in dieser Nacht sind wir mit einer Frage konfrontiert, die Allah stellen wird: „Oh, meine Dienerin, mein Diener, Ich war mit dir dein ganzes Leben, und mit wem warst du?"

Anbetung und Glaube beinhalten alle Gegebenheiten und Handlungen, in denen wir sagen können: „Ich war mit Dir, Oh Allah!"

Unser Vertrauen und unsere Sehnsucht nach Ihm bringen uns in dieses Befinden, in diese Verbundenheit.

Allah weiß, wie viel Kraft und Geduld, wie viel Überwindung, wie viel Achtsamkeit und Liebe wir aufbringen müssen, um nicht in die Ablenkungen des Lebens, in die Vergesslichkeit und in die Verstrickungen des Nafs, des Egos, zu fallen: *„Und suche Hilfe in standhafter Geduld und im Gebet – das ist wirklich eine große und schwierige Sache, nur nicht für die Demütigen."* (2:45)

Die schönste Form der Anbetung ist im Gebet.

„In ihr kommen die Engel herab und der Geist, mit der Ermächtigung ihres Herrn, mit jeglichem (göttlichen) Beschluss." (97:4)

Allah sendet in dieser Nacht mehr Engel als in jedem anderen Moment des Jahres herab. Diese Nacht ist überflutet und voller Engel. In ihr kann sich alles in unserem Leben verändern und transformieren.

Die Engel steigen mit Ğibrīl herab. Er ist in dieser Nacht in unserer Gesellschaft. In dieser Nacht kommen alle herab. Sie sind von allen Aufgaben befreit, jetzt lösen sie nur Probleme für uns wie Gesundheit, Güte, Vergebung, und den Engeln werden ihre Aufgaben für das kommende Jahr mitgeteilt. Die Gegenwart der Engel bringt Allahs Segen über uns. Sie sind Sein Instrument.

Gabriel, Ğibrīl, der Hüter der Geheimnisse, der Erwählte, um alle Bücher Allahs zu enthüllen, kommt in dieser Nacht herab. Allah hat uns gesegnet, indem Er ihn einmal im Jahr auf die Erde herunterkommen lässt. Er wird in dieser Nacht für jede Gedenkende ḏākira und jeden Gedenkenden ḏākir beten.

Dies ist ein Geschenk, das uns Allah jedes Jahr gibt.

„Friede ist sie, bis zum Anbruch der Morgendämmerung." (97:5).

Diese Nacht ist länger als jede Nacht, sie geht weiter, bis wir das Licht selbst sehen.

Es gibt keine Nacht wie diese Nacht. Alles ist hier, um Frieden zu geben. Diese Nacht ist der Frieden selbst. Kämpfe nicht in dieser Nacht, gehe tief in die Anbetung, in die Gebete, in dein Innerstes, sei in dieser Nacht in Frieden, denn es ist eine Nacht der besonderen spirituellen Erfahrung. In dieser Nacht besteht kein Übel, nur paradiesischer Frieden. Öffne dein Herz und erfahre!

Diese Nacht ist majestätisch und du wirst in ihr, inshallah, in deinem Anrufen erhört, erhöht und gesegnet.

In seiner Güte und Liebe sagte der Prophet (ﷺ): „Wer auch immer die Laylat al-Qadr, die Nacht des Schicksals, im Gebet mit wahrem Glauben steht, auf Allahs Belohnung hoffend, dem werden die vergangenen Sünden vergeben." [106]

Allah ruft uns auf, aus Seiner Liebe und Fürsorge für uns Menschen in dieser gesegneten Nacht, die gefüllt ist mit dem Licht der Engel, durch unsere Gebete, ṣalāt, und unsere Bittgebete, du'ās, unser Schicksal mitzugestalten.

Al-Amin (ﷺ) beschrieb die Anwesenheit der Engel folgendermaßen: „Wahrlich die Engel sind in dieser Nacht so zahlreich wie die Kieselsteine auf der Erde." [107]

Es ist eine Nacht, um unsere Herzen zu öffnen und unseren Willen Allah hinzuhalten. Es ist eine Nacht, in der Allah uns erlaubt, unseren Willen in den Göttlichen Willen einzuweben.

Es ist die Gelegenheit, jene veränderbaren Vorherbestimmungen zum Guten zu verwandeln, denn in dieser Nacht wird das Schicksal des Menschen für das nächste Jahr festgelegt.

In dieser Nacht beten wir für unsere Nächsten und schließen in unsere Gebete all jene ein, die Not, Leid und Unterdrückung erdulden. Unsere Gebete gelten in dieser Nacht der Einkehr von Frieden und Eintracht in der ganzen Welt.

Als Gläubige beten wir in dieser Nacht mit Unterstützung aller Engel für den Frieden und die Versöhnung in der Welt.

Möge das Licht der Liebe, des Respekts, der Barmherzigkeit wachsen
und die Dunkelheit des Hasses, der Gewalt und des Krieges
von der Schöpfung verbannen.

Laylat al-Qadr ist auch die Nacht der Vergebung für unsere Fehler und Schwächen und für die Erneuerung unserer Entschlossenheit.

In dieser großartigen Nacht wurde uns der Koran geschenkt. Möge der heilige, heilende Koran sich in unsere Herzen, unseren Verstand, in unseren Worten und Handlungen und in unserem ganzen Leben widerspiegeln.

Der Prophet Muhammad (ﷺ) hat seiner Ehefrau A`ischa ein besonderes Gebet für diese Nacht empfohlen: [108]

اللهم إنك عفو تحب العفو فاعف عني

Allāhumma nnaka ‘afūwun, tuḥibbu l-‘afwa, fa‘fu ‘annī

„Oh, Allah, Du bist der Vergebende, Du liebst die Vergebung, so bitte vergib mir!“

Lasst uns in dieser Nacht immer wieder dieses Bittgebet ausrufen, bis die Dämmerung uns einholt.

Eine Erklärung zum Göttlichen Namen Al-‘Afūw:

Die Qualität oder der Name Al-‘Afūw gibt uns die Kraft, Erniedrigungen und Kränkungen durch Güte, ohne Strafe und ohne Mahnung, nur durch Güte und Großzügigkeit, ohne den anderen an seine Schwäche zu erinnern und dadurch zu beschämen, zu überwinden. Er vertilgt alle Spuren und lässt den Fehler vergessen. Das ist die Qualität von Al-‘Afūw. Die Qualität der Vergebung wird auch folgendermaßen erklärt: Der Vergebende ist jemand, der die Spuren des Unrechts verwischt. Er lässt sie mit dem Wind der verzeihenden Gnade verwehen und löscht sie von der Tafel der eigenen Erinnerungen und aus dem Herzen. Denn Verzeihen bedeutet Auslöschen und Vergessen. Wenn ein Mensch wahrlich und zutiefst seine Fehler bereut, so kommt die Göttliche Gnade und lässt seine Sinne und sein Herz sie vergessen und verwischt ihre Spuren von der Erde. Al-‘Afūw trägt in sich nicht nur die Kraft der Vergebung, sondern Er verwischt und tilgt die Spuren, sodass wir uns nicht einmal mehr an die Verletzungen und Kränkungen erinnern können. Er macht das Herz wieder frei und lässt es abermals gesunden. Al-‘Afūw ist ein Geschenk Gottes, das aus den Tiefen unseres Seins auftaucht und uns befreit.

Die Sure Al-Qadr besteht selbst aus dreißig Worten. Das 27. Wort ist das Pronomen ‚sie‘ (hiyā), das manche Gelehrten als Hinweis auf die Laylat Al-Qadr interpretieren:

إِنَّا 1 أَنْزَلْنَاهُ 2 فِي 3 لَيْلَةِ4
الْقَدْرِ 5 وَمَا6 أَدْرَاكَ7 مَا8 لَيْلَةُ9 الْقَدْرِ10 لَيْلَةُ11 الْقَدْرِ12 خَيْرٌ13
مِنْ14 أَلْفِ15 شَهْرٍ16 تَنَزَّلُ17 الْمَلَائِكَةُ18 وَالرُّوحُ19 فِيهَا20
بِإِذْنِ21 رَبِّهِمْ22 مِنْ23 كُلِّ24 أَمْرٍ25 سَلَامٌ26 هِيَ27 حَتَّى28
مَطْلَعِ29 الْفَجْرِ30

27. RAMADANTAG

MYSTERIUM KORAN

„Es war der Monat Ramadan, in dem der Quran als Rechtleitung für die Menschen herabgesandt worden ist und als klare Beweise der Rechtleitung und der Unterscheidung.“ (2:185)

Der Monat Ramadan ist der Geburtsmonat des heiligen Korans.

Allahs Gesandter (ﷺ) sagte: „Wer auch nur einen Buchstaben von Allahs Buch rezitiert, der erhält dafür eine gute Tat angerechnet; und eine gute Tat wird als zehn gute bewertet. Ich sage nicht: Alif-Lam-Mim ist ein Buchstabe, sondern: Alif ist ein Buchstabe, Lam ist ein Buchstabe und Mim ist ein Buchstabe.“ [109]

So wie die Welt ist der Koran zugleich eins und vielfältig. Die Welt ist eine Vielfalt, welche zerstreut und zerteilt, der Koran eine Vielfalt, welche sammelt und zur Einheit führt.

Der Koran ist das erste, das das Neugeborene hört, wenn der Gebetsruf, aḏān, in das rechte und linke Ohr gesungen wird. Der Koran ist also der erste Ruf, der eine Muslima, einen Muslim willkommen heißt auf dieser Welt, und es ist das Letzte, das man einem Sterbenden mitgibt auf dem Weg zurück zu Allah.

Der Koran ist ein Buch, in dem Allah uns Seine Liebe zeigt, und wir sind jene, die diese Liebe zu enthüllen haben. Der Koran zeigt uns die Wege derer, die den Weg zu Allah fanden, und jener, die den Weg verloren haben. Der Koran will das, was getrennt wurde, wieder zusammenführen, das, was vergessen wurde, wiederbeleben.

Wenn wir uns den Koran ansehen, so lässt sich die Uneindeutigkeit als das umgreifende Prinzip des Korans bestimmen und die arabische Sprache ist eine Meisterin der Ambiguität und Vielfalt.

Der Koran ist der letzte allumfassende Brief Allahs an uns Menschen. Aus Liebe zu uns, offenbart durch den Geliebten (ﷺ), um uns hier auf Erden zu leiten und den Weg zurück in die Heimat anzugehen, Sein Antlitz erblickend in das Paradies eingehend.

Die Bewegungen des Korans sind Wellen, die sich ausbreiten: Es gibt keinen Gang der Handlungen, keine Chronologie der Erzählung. Er ist erfüllt von Geschichten und ewigen Weisheiten, von Mahnungen und Erinnerungen, von Reden und Gebeten, von Warnungen und Hoffnungen, von verlorenen und rechtschaffenen Menschen, von Propheten und Gläubigen, von Betrug und Kämpfen, von Wundern und Rechten, von Pflichten und Träumen, von Gestirnen und Tieren, von Falschheit und Gerechtigkeit.

Das Buch Allahs zeigt uns die allumfassende Beziehung, die wir zu Allah haben, und Seine alles durchdringende Allmacht. Es ist diese Absolutheit, die Einheit Gottes, die sich in all diesen Facetten offenbart. Der Koran zeigt uns den ständigen Wandel und die Vergänglichkeit dieser Welt und die Ewigkeit des kommenden Lebens.

Wenn wir den Koran lesen oder hören, steht die Zeit still und unsere Herzen pulsieren in der Präsenz Gottes.

Der Koran zeigt uns Allahs Gnade und Vergebung auf, aber auch die Konsequenzen, die unsere negativen Taten bringen und unsere wissentliche Verleumdung der Wahrheit. Denn Allah ist Al-Ḥaqq, der Gerechte, der Wahrhafte, die Allumfassende Realität.

„Beizeiten werden Wir sie Unsere Botschaften voll verstehen lassen an den äußeren Horizonten und in sich selbst, so dass es ihnen klar werden wird, dass diese (Offenbarung) fürwahr die Wahrheit ist.“ (41:53)

Der Koran ist eine zutiefst kraftvolle Offenbarung, die vom Himmel als Barmherzigkeit auf diese Erde gesandt wurde. Nur durch die Gnade und Barmherzigkeit Gottes können unsere Herzen für eine Offenbarung geöffnet werden, die den menschlichen Geist übersteigt.

„Also Schritt für Schritt erteilen Wir von droben, durch diesen Koran, alles, was (dem Geist) Gesundheit gibt und eine Gnade für jene ist, die an Uns glauben.“ (17:82)

Allahs umfassende Liebe und Barmherzigkeit und Seine Sorge um die Schöpfung zeigt sich immer wieder in Seinen Worten.

Der Koran stieg mit einem Licht herab. Um Gottes Wort zu erfahren, um ihn zu berühren und von ihm berührt zu werden, müssen wir mit unserem spirituellen Licht in Verbindung kommen.

„Siehe, es ist ein wahrhaft edler Vortrag, in einer wohlgehüteten göttlichen Schrift, die keiner außer den Reinen (am Herzen) berühren kann, eine Offenbarung vom Erhalter aller Welten.“ (56:77-80)

Es ist das Licht des Propheten Muhammad (ﷺ), das der Menschheit den Zugang zu dieser göttlichen Offenbarung ermöglicht. Der Koran sagt: *„Es ist ein Licht und ein klares Buch von Allah zu dir gekommen.“* (5:15)

„Ich bin ein Diener des Korans und ein Staubkorn auf dem Wege des Propheten Muhammad (ﷺ).“

Dschalal ad-Din Muhammad Rumi (1207 - 1273)

Der Koran ist seit mehr als 1.400 Jahren derselbe, und dennoch wirken dieselben Worte unterschiedlich auf uns, je nachdem, in welchem Bewusstsein wir uns befinden.

„Er ist es, der die Himmel und die Erde in sechs Tagen erschuf und Sich hierauf über den Thron erhob. Er weiß, was in die Erde eindringt und was aus ihr herauskommt, was vom Himmel herabkommt und was dorthin aufsteigt. Und Er ist mit euch, wo immer ihr auch seid. Und was ihr tut, sieht Allah.“ (57:4)

Durch das Lesen und Hören des Korans öffnet sich in uns die Bereitschaft, die eigene Existenz mit dem Willen Gottes in Übereinstimmung zu bringen. Mit diesem Wunder zwischen unseren Händen können wir uns für die innere Entwicklung und für die Hingabe in den Willen Allahs öffnen und somit Allah näherkommen.

Der Koran stammt von der ewigen Urschrift Umm al-Kitāb („die Mutter des Buches“), die bei Gott im al-Lawḥ al-Maḥfūḏh [110] aufbewahrt wird. Die Übersetzung in eine menschliche Sprache geschah in der arabischen Sprache.

Der Koran durchdringt zuerst den Körper und die Seele, bevor der Verstand sich den Denkbewegungen des Korans hingibt. In seinen poetisch-schwingend-heiligen Vibrationen berührt er auch, wenn man die arabische Sprache nicht beherrscht, und überwindet alle sprachlichen Barrieren.

Gott schuf die Welt aus Gegensätzen, damit Erkenntnis möglich wird. Mit dem Entstehen der Welt entstand auch ihre Sehnsucht zurück nach dem ursprünglichen Zustand der Einheit. Jeder Mensch ist ein Suchender, ob er es wahrhaben will oder nicht; er will verstehen – er will erkennen – er will erkannt werden. Seine Suche mag alle möglichen Formen annehmen, doch in ihrer letzten Konsequenz – und dies lehrt die islamische Botschaft ganz klar –, endet die Suche in nichts anderem als der puren Lobpreisung Gottes.

Dieses Einzige, was letztlich bleibt, ist allgegenwärtig in allen Ebenen der Existenz. Die Lobpreisung Gottes ist der eigentliche Sinn der Schöpfung.

Beim Koran am Wort zu hängen, bringt kein Verstehen. Jede Einführung in den Koran widerspiegelt eher das Bewusstsein und den Standpunkt des Interpreten als den Koran selbst.

Der Koran zeigt dir, offenbart sich dir entsprechend, was du dem Koran entgegenbringst. Der Koran ist ein Spiegel, in dem wir erkennen und erfahren können, wo wir stehen und was wir sind.

Für jede und jeden von uns ist der Koran eine Herausforderung, weil er uns mit unserem Ego, unserem Nafs, konfrontiert.

Der Koran zerrt an unseren Ängsten und Befürchtungen, an unseren Widerständen, Urteilen und unseren Vorstellungen und Bildern. Wenn wir den Koran mit der Qualität der Trennung und Verurteilung lesen, sehen wir den Hass reflektiert, den wir im Herzen tragen. Wenn wir den Koran mit Achtung, Liebe und einem offenem Herzen lesen, erfahren wir Seine tiefe Liebe und Schönheit.

In jedem Klang des Korans ist Gott gegenwärtig, das Unbegreifliche.

Der Koran ist das Ereignis, das er sein will: eine Offenbarung. Daher ist jede Aufklärung zugleich Verklärung.

Um Einsicht zu bekommen, brauchen wir Demut, aber auch eine Nähe zu uns selbst. Das bloße Durchlesen des Korans bleibt genauso dunkel wie verfehlt, wenn sich daraus bloß Urteile über den Koran bilden.

Das erste Gebot des Korans ist: *„Lies!“* (96:1) Versuche zu verstehen! Verstehen, was Gott sagen will, das Dasein, die Natur, die Menschheit und du selbst. Verstehe, sodass du stets deine Nahrung, deine Leitung, dein Leben daraus holen kannst.

Wenn wir sagen, dass der Koran jenseits von Zeit und Raum stets Gültigkeit hat, so ist es unsere Aufgabe, uns in seine Botschaft zu vertiefen und ihn in unserem Leben lebendig zu machen.

Allah sagt: *„Wir haben den Koran nicht auf dich herabgesandt, um dich unglücklich zu machen"* (20:1), sondern als Wegweiser und als Mittel zur Glückseligkeit.

Übung für den Tag

Lass dich mit diesem Satz durch den Tag führen:

يا حي يا قيوم برحمتك أستغيث

Yā Ḥayy Yā Qayyūm bi-raḥmatika astaġītu

„Oh, Du Ewig-Lebendige, Ewig-Seiende in Deiner Barmherzigkeit raḥma, suche ich Hilfe und Zuflucht."

Vor allem, wenn wir durch Schwierigkeiten durchgehen, aber auch ganz allgemein die Verbindung suchend.

Wusstest du

Das Tarāwīḥ-Gebet wird im Anschluss an das Nachtgebet verrichtet mit bis zu insgesamt 20 Gebetsabschnitten, rak'as, wobei es vorzüglich als Gemeinschaftsgebet mit Vorbeter verrichtet wird.

Im späteren Verlauf der islamischen Geschichte wurde in den Tarāwīḥ-Gebeten der gesamte Heilige Koran rezitiert, sodass an jedem der 30 Abende ein Abschnitt, ğuz', des Korans, verteilt auf jeweils 20 Gebetsabschnitte, rak'as, rezitiert wurde.

In der Haram Moschee in Al-Quds, Jerusalem, sowie in der Moschee des Propheten (ﷺ) in Medina wird dies so praktiziert.

Die Tarāwīḥ-Gebete im Monat Ramadan sind nicht verpflichtend, sondern optional.

Der Prophet (ﷺ) bezog in der Moschee einen Raum aus Dattelpalmenblättern. Allahs Gesandter (ﷺ) betete ein paar Nächte darin, bis sich die Menschen versammelten, um das Nachtgebet (tarāwīḥ) hinter ihm zu beten. Dann hörten die Menschen in der vierten Nacht seine Stimme nicht und dachten, er hätte verschlafen, einige von ihnen fingen an zu summen, damit er herauskomme. Der Prophet (ﷺ) sagte dann: „Ihr habt weiter getan, bis ich befürchtete, dass euch dies (Tarāwīḥ-Gebet) auferlegt werden könnte, und wenn es so wäre, dass ihr es nicht weiter verrichten würdet. Deshalb, oh Leute, verrichtet eure Gebete bei euch zu Hause, denn das beste Gebet eines Menschen ist das, das zu Hause verrichtet wird, außer dem obligatorischen Gemeinschaftsgebet.“ [111]

Er (ﷺ) sagte auch: „Wer nachts im Monat Ramadan (optional Tarāwīḥ) Gebete verrichtet, mit Hingabe und in der Hoffnung, Allahs Belohnung zu erhalten, wird seine vergangenen Sünden vergeben bekommen.“ [112]

Während es klare Beweise dafür gibt, dass der Prophet (ﷺ) selbst 11 rak'āt (8 rak'āt tarāwīḥ und 3 rak'āt witr) nach dem Nachtgebet gebetet hat, gibt es Meinungsverschiedenheiten darüber, ob dies eine festgelegte Grenze für das Tarāwīḥ-Gebet vorschreibt.

Da der Prophet (ﷺ) auch sagte: „Die Gebete der Nacht sind zwei mal zwei“ [113], geht man davon aus, dass keine Obergrenze festgelegt ist, solange es eine gerade Zahl ist.

Aisha, die Mutter der Gläubigen, wurde gefragt: „Wie ist das Gebet von Allahs Gesandtem (ﷺ) im Monat Ramadan?"

Sie sagte: „Allahs Gesandter (ﷺ) hat im Ramadan oder in anderen Monaten nie mehr als elf rak'āt überschritten. Er hat erst vier rak'āt ausgeführt. Frage mich nicht nach ihrer Schönheit und Länge, dann weitere vier rak'āt. Frag mich nicht nach ihrer Schönheit und Länge und dann drei rak'āt." Aisha sagte weiter: „Ich sagte: ‚Oh, Allahs Gesandter (ﷺ)! Schläfst du, bevor du das Gebet betest?' Er antwortete: ‚Oh, Aisha! Meine Augen schlafen, aber mein Herz bleibt wach!'" [114]

Die Tarāwīḥ-Gebete sind keine Pflicht, sondern eine Sunna. Trotzdem ist es für viele Muslime – Männer und Frauen – von tiefem Wert, dieses Gebet in der Moschee zu verrichten. Vor allem in Ländern mit überwiegend nichtmuslimischer Bevölkerung betont dieses gemeinschaftliche Gebet die feierliche Atmosphäre und die Gemeinsamkeit des Monats Ramadan und ist vor allem für jene, die sonst den ganzen Tag ihren Aktivitäten nachgehen müssen, eine schöne Möglichkeit, die Zugehörigkeit und den Zusammenhalt zu erfahren.

Die Tarāwīḥ-Gebete werden mit 20 Gebetseinheiten von den Hanafiten, den Schafi'iten und den Hanbaliten gebetet und von den Malikiten, mit 11 Gebetseinheiten.

Bei den Schiiten wird empfohlen, das freiwillige Nachmitternachtsgebet, bestehend aus elf Gebetsabschnitten, intensiv zu beten mit zusätzlichen, freiwilligen Ritualgebeten im Monat Ramadan, allerdings nicht in der Gemeinschaft.

In allem ist Gutes und Allah weiss es am besten.

28. RAMADANTAG

TASLIM und 'ILM

HINGABE und WISSEN

„Nichts erfreut Mich mehr als der Augenblick, da sich Mein Diener Mir in Anbetung nähert, wie Ich es ihm auferlegt habe; Mein Diener lässt nicht ab, sich Mir mit Hingabe zu nähern, bis Ich ihn liebe: und wenn Ich ihn liebe, bin Ich das Ohr, womit er hört, und das Auge, womit er sieht, und die Hand, womit er greift, und der Fuß, womit er geht, und wenn er Mich um etwas bitten würde, würde Ich ihm wahrlich geben, und wenn er Mich um Zuflucht bitten würde, würde Ich ihm wahrlich diese gewähren." [115]

Auf unserem Weg zu unserem wahren Selbst, auf dem Weg vom peripheren Exil in die Heimat, werden wir immer Orten der Dunkelheit begegnen, genauso, wie wir sie in der äußeren Welt immer wieder mitbekommen und erfahren.

Wenn wir diese Orte um Seinetwillen berühren, ohne Sorge um unser Ich, ohne die Absicht, etwas zu erlernen oder zu erreichen, sondern nur, um voller zu leben, kann die Transformation beginnen.

Die vollkommene Hingabe an Gott ermöglicht uns, die Dunkelheit in uns, die Dunkelheit der Welt um Seinetwillen zu berühren. Es ist die Hingabe, die den einzigen, wahren Schutz bildet, die einzige wirkliche Sicherheit.

Erst durch das Abreißen der Wände können die wärmenden, klärenden Sonnenstrahlen dich erreichen, dich stärken und vor der Gefahr bewahren, von der Dunkelheit ergriffen oder verschlungen zu werden.

Was ist wertvoll und was ist schädlich, was ist wahrhaftig und was ist unnütz?

So wie die Dunkelheit ist das Unnütze, das Schädliche ein vorübergehender Zustand der „Illusion", aber auch der Herausforderung, der Verführung, der Verwirrung und der Wahl. Wer die Einende Ganzheit im Herzen trägt, kann die Teile und die Episoden als solche erkennen, ohne darin zu ertrinken.

Das Böse ist nicht das Gegenteil von Gott, sondern im Widerstand zu Gott. Alles besteht aus derselben Energie. Die Göttliche Energie ist dunkel und hell, männlich und weiblich. Sie beinhaltet beides, das weiße Licht und die schwarze Leere.

Wir verwenden zwar das Konzept der Dualität, aber es ist nur eine Welt der augenscheinlichen Opposition, die sich eigentlich ergänzt. Es sind keine „wahren" Gegensätze. Allah benutzt die Dualität in dieser Welt, um uns in die Einheit zu führen.

Alles ist miteinander verwoben, alles sind untrennbare Muster. Wir sind nicht getrennte Teile eines Ganzen, wir sind das Ganze.

Mache dich vertraut mit den positiven, den guten Seiten des anderen, denn das ist Liebe.

Meditation und Kontemplation, murāqaba, und Gebet helfen uns, den linearen Verstand zu transzendieren und erlauben uns, die Verwobenheit aller Dinge als Realität zu erfassen. Dann sieh, wo du stehst und wohin du gehst!

Blicke mit dem Auge deines Herzens auf dein Leben, erkenne, dass du gesegnet bist, und vertraue dich immer mehr Ihm an, denn das Leben ist ein Evolutionsprozess des Vertrauens. Denn was ist

Vertrauen anderes als die Hingabe an die im Seelengrund wohnende Liebe Allahs.

Es gibt Phasen und Situationen im Leben, in denen wir nach außen hin nichts beitragen können, nichts verändern können. In solchen Zeiten ist es wesentlich, die inneren Qualitäten der Kraft, der Zuversicht, des Vertrauens und der Hingabe zu entwickeln.

Es ist unser Schicksal in unserer Endlichkeit, wir, die wir dem Wandel der Zeit unterstellt sind, uns auf den Weg zu begeben, Allah zu erfahren, den Ewig-Lebendigen, Al-Ḥayy.

Wie können wir Allah erfahren? Wir können Ihm nur durch Seine Schöpfung, Seine Spuren, Seine Namen und Seine Taten näherkommen. Wenn wir uns Allah nähern, beginnen wir, den Koran zu verstehen. Sei nicht nur eine Anbeterin, ’abida, ein Anbetender, ‘ābid, sei eine Wissende, ‘ālima, ein Wissender, ‘ālim.

Allah möchte uns vom Zustand der Anbetenden zum Zustand der Wissenden verwandeln.

Der Anbetende braucht Wissen, denn ohne Wissen werden wir leicht von äußeren und inneren Einflüssen verunsichert und erschüttert. In früheren Zeiten, als das Leben einfach war, war es genug, eine Anbetende, ein Anbetender zu sein, aber heutzutage werden wir mit dem ständigen Fluss von Informationen, Ablenkungen und Ideen leicht beeinflusst und in Zweifel gezogen.

Früher war Anbetung allein die Rettung, aber heute brauchen wir das Wissen um Allah, um fest zu bleiben und tiefer zu gehen. Denn Wissen ist Schutz, ist Salām.

Wann immer wir den Koran lesen und versuchen, mehr und mehr zu verstehen, wann immer wir über Allah sprechen und uns austauschen, hilft uns jede neue Einsicht bei unserer Hingabe und Nähe zu Ihm.

„Und Gottes ist der Osten und der Westen, wohin immer ihr euch wendet, dort ist Gottes Antlitz. Siehe, Gott ist unendlich, allwissend.“ (2:115)

Der Ramadan öffnet neue Tore, es ist der Monat der Nähe, der Hingabe und Vergebung, ṣulḥ, uns selbst und anderen gegenüber.

Hingabe ist ein Prozess. Es ist ein Weg, in dem wir langsam alle Teile in uns berühren, die zweifelnden, die irritierten, die schwankenden, und sie auf dem Weg der Ergebung, der Hingabe und der Liebe zu Allah führen.

Es ist ganz normal, wenn Widerstand aufkommt. Hier können wir klar die Aktivität und die Gegenkraft des Egos, des Nafs, erfahren. Jenen Teil in uns, der die geglaubte Individualität zu verteidigen glaubt, jenen Teil in uns, der glaubt seine Freiheit, seine Ruhe schützen zu müssen, jenen Teil, der glaubt selbstständig und nur durch die äußere Welt zu seinen Rechten kommen zu können. Die Arena dieser Auseinandersetzung ist im Ego, im Nafs. Mögen wir unseren Willen, unsere Ausrichtung durch den Koran, durch unsere Gebete, durch unsere bewussten guten Taten, durch unsere Sehnsucht und Liebe zu Allah und durch unseren Glauben an das versprochene Paradies stärken.

„Vergesslichkeit ist Unglaube und Glaube besteht nicht, ohne dass Unglaube besteht; denn Glaube ist das Aufgeben des Unglaubens. Deshalb muss es Unglauben geben, den man aufgeben kann.“

Rumi, Fihi ma Fihi

Als der Prophet (ﷺ) aufgefordert wurde, den dīn, die Lebenspraxis, zu definieren, zu deren Übermittlung er (ﷺ) gesandt wurde, teilte er (ﷺ) sie in drei Teile auf:

1.

Islām, den er mit den fünf Säulen, den Handlungen, die jeder Muslim ausführen muss, definierte.

2.

Imān oder Glauben, die Dinge, an die jeder Muslim glauben muss.

Die islamischen Glaubensgrundsätze arkān al-imān, Eckpfeiler des Glaubens, bestehen aus sechs Punkten, mit denen sich jeder Mensch die Voraussetzung zur Glaubenserfüllung schaffen kann, nämlich:

Der Glaube an

I. Allah, den Einen Gott,

II. Seine Engel,

III. Seine Bücher,

IV. Seine Gesandten,

V. das Jüngste Gericht,

VI. das Schicksal, ob gut oder schlecht, und dass es von Allah allein bestimmt ist.

„Der Gesandte und die Gläubigen mit ihm glauben an das, was ihm von droben erteilt worden ist von seinem Erhalter: sie glauben an Allah und Seine Engel und Seine Offenbarungen und Seine Gesandten, ohne einen Unterschied zwischen irgendeinem Seiner Gesandten zu machen.“ (2:285)

3.

Bei Iḥsān sagte er (ﷺ): „Es ist die Anbetung Allahs, als ob du Ihn siehst, und während du Ihn noch nicht wirklich siehst, sieht Er dich.“[116] Iḥsān ist also das Zusammenbringen der anderen zwei Aspekte des dins. Es ist die intensive Bewusstheit der Gegenwart Allahs.

Islām ist Ergebung in die göttlichen Gesetzlichkeiten.

Imān ist Kosten. Es ist die erfahrene Bezeugung im Herzen an das, was uns Allah, der Allmächtige, geboten hat zu glauben. Etymologisch bedeutet Imān „Bestätigung", taṣdīq.

Iḥsān bedeutet wörtlich, schöne Dinge oder gute Taten zu tun. Es kommt vom Verb aḥsana: „gut handeln", „etwas meisterhaft tun". Wer schöne Dinge tut, ist ein Muḥsin. Iḥsān ist also tief mit der Absicht, niyya, verbunden. Es ist, sich selbst und das Herz, tazkiyat an-nafs wa l-qalb, zu reinigen und so Vollkommenheit in der Anbetung zu erreichen, Allah so anzubeten, als ob wir Ihn sehen würden, wissend, dass Allah uns stets sieht und über uns wacht.

MÖGE DER MONAT RAMADAN UNS ZU MUHSININ MACHEN,

INSHALLAH.

ÜBUNG FÜR DEN TAG

Mögen deine Füße auf dem Weg zu Allah durch diesen Satz gefestigt werden:

اللهم زدني امانا وعلما

allāhumma zidnī imānan wa ʻilman

„Oh, Allah, vertiefe meinen Glauben und vertiefe mein Wissen."

Maryam bint 'Imran

In der Zeit vor der Geburt Maryams lebten zwei Propheten: 'Imran (Joachim) und Zakariyya (Zacharias). Beide gehörten den Hohepriestern von Jerusalem an. Als `Imran und seine Frau Hanna schon sehr alt waren, wurde ihnen ein Kind geoffenbart, das zum unverkennbaren Zeichen für die Bani Israil werden sollte. Noch vor der Geburt des Kindes starb 'Imran. Hanna gelobte Gott, dieses Kind ganz in seinen Dienst zu stellen und es dem Tempel zu widmen. Alle erwarteten einen Jungen, den Erlöser.

Als sie ein Mädchen gebar, waren alle erstaunt. Viele Anhänger `Imrans wandten sich ab. Hanna bekam die Gewissheit, dass dieses Mädchen die Mutter des angekündigten Propheten sein musste. Sie nannte ihre Tochter „Maryam", was sinngemäß „Anbeterin Gottes" heißt. Maryam kam unter die Obhut von ihren Onkel Zakariyya und lebte in einem abgeschiedenen Raum im Tempel. Bis zu jener Zeit war es nicht erlaubt, dass ein Mädchen Dienst im Tempel leisten durfte. Bald wurde sie bekannt für ihre hohe Tugendhaftigkeit, Frömmigkeit und die Wunder, die sie vollbrachte. Dies führte zu großen Problemen im Tempel, da einige ältere Gelehrte ihr neideten. Immer wieder brachte Zakariyya Nahrung zu Maria, doch er stellte fest, dass sie bereits mit außergewöhnlicher göttlicher Nahrung versorgt war.

Es kam der Tag an dem Maryam die Offenbarung durch den Engel Gabriel erhielt, dass sie ein Kind gebären sollte, obwohl sie kein Mann berührt hatte.

„Und siehe, die Engel sagten: ‚Oh, Maria, siehe, Gott hat dich auserwählt und dich rein gemacht und dich erhoben über alle Frauen der Welten.'" (3:42)

Als die Zeit kam, zog sie sich an einem Ort „im Osten" zurück, nach Bethlehem. Dort gebar sie unter einer verdorrten Palme das Kind.

Unter ihren Füßen entstand eine Wasserquelle und die Dattelpalme trug plötzlich wieder Datteln.

Sie erhielt die Offenbarung, wieder zum Tempel nach Jerusalem zu gehen und ein Sprechfasten einzuhalten, und wenn sie gefragt würde, auf das Kind zu deuten. Die Hohenpriester wollten sie wegen Unzucht bestrafen, doch da sprach der Säugling in ihren Armen:

„Er sagte: ‚Ich bin ein Diener Gottes. Er hat mir Offenbarung gewährt und mich zu einem Propheten gemacht und mich gesegnet, wo immer ich sein mag und Er hat mir Gebet und Almosen geben geboten, solange ich lebe und mit liebender Achtung gegenüber meiner Mutter und Er hat mich nicht überheblich oder bar der Gnade gemacht.'" (19:30-32)

Allah lobt Maryam und beschreibt sie mit den Eigenschaften der Reinheit. Allah sagt: *„Und Maryam, `Imrans Tochter, die ihre Keuschheit hütete, worauf Wir in sie von Unserem Geist einhauchten. Und sie hielt die Worte ihres Herrn und Seine Offenbarungen für wahr und gehörte zu den wahrhaft demütig Ergebenen."* (66:12)

Eine ganze Sura (19) wurde im Koran nach ihr benannt und sie ist die einzige Frau, die im Koran namentlich genannt wird, während auf andere großartige Frauen lediglich verwiesen wird.

Maryam vereinte das Innere und das Äußere, so, wie das Sichtbare und das Verborgene in sich.

Es wurde berichtet, dass Imam Ali sagte:

„Ich hörte den Gesandten Allahs (ﷺ) sagen: ‚Die beste Frau (ihrer Zeit) war Maryam bint 'Imran, und die beste Frau (ihrer Zeit) ist Khadijah.'" [117]

29. RAMADANTAG

TAWAKKUL

VERTRAUEN

„In der Tat hat Allah neunundneunzig Namen, wer von ihnen trinkt, wird ins Paradies kommen.“ [118]

Allah hat uns Seine Göttlichen Namen geschenkt, um Ihn durch diese zu erfahren und Seine Spuren in der Schöpfung zu erkennen.

Möge der Göttliche Name Al-Wakīl vor allem in dieser gesegneten Zeit des Monats Ramadan in uns wachsen und uns durch alle Zeiten begleiten. Denn dieser Monat ist der Monat der Reinigung der Seele und der spirituellen Evolution. Und Vertrauen ist das Pferd, das uns auf dem Weg zum göttlichen Licht trägt.

Der Göttliche Name Al-Wakīl bedeutet: „der Beschützer“, „der Bevollmächtigte“, „der nie verlässt“, „der Sachverwalter“.

Dieser Name öffnet einen Raum im Herzen, der nie vergeht, denn hier ruhen die Gewissheit und die Stille.

„Yā Wakīl, mein Fürsorger, mein Beschützer. Du bist es, Dem ich alle meine Angelegenheiten überlasse, Du bist es, Dem ich alles anvertraue, Du bist es, Dem ich ausnahmslos vertraue!“

Alle Atome drehen sich im Kreise durch die Hand Allahs und die Unendlichkeit kehrt ein in das Endliche und die Ewigkeit berührt die Zeit.

Dieser Name breitet sein Licht über den Schatten des Verstandes, gibt ihm die Kraft der Rechtschaffenheit und hält ihn zurück von dort, wo er nicht hingehört. Er verbietet ihm sanft das ewig im-Kreise-Denken über die Sorgen der Vergangenheit und die Wünsche der Zukunft.

Al-Wakīl kommt von der Wurzel w-k-l mit den daraus fließenden Bedeutungen: „anvertrauen", „übertragen", „beauftragen", „betrauen", „bevollmächtigen", „mit der Aufsicht oder Fürsorge beauftragen", „in einem Vertrauensverhältnis stehen", „Vertrauen schenken", „verantwortlich sein", „einander vertrauen", „Bevollmächtigter", „Verteidiger", „Indifferenz", „Zutrauen".

Al-Wakīl verwandelt die Stürme der Sorgen, der Trauer und der Bedrücktheit in einen Wind der Zuversicht. Er bewirkt, dass sich die Geister der Illusionen und ihre Einflüsterungen vor der Gelassenheit des Herzens verbeugen und öffnet damit einen Raum, Lösungen zu finden und somit Ruhe vor der Mühe des ewigen Denkens zu erlangen.

„Wenn du über eine Handlungsweise entschieden hast, setze dein Vertrauen (tawakkal) auf Gott: denn wahrlich, Gott liebt jene, die ihr Vertrauen auf Ihn setzen." (3:159)

Denn Al-Wakīl bedeutet, sich bedenkenlos Allah zu überlassen, im Herzen wissend, dass Er vertrauenswürdig ist und dass Er es ist, Der am besten weiß. Al-Wakīl heißt, die Vollmacht Allahs bewusst zuzugeben und ihr zuzustimmen. Es bedeutet aber nicht: „Ja, jetzt habe ich verstanden, dass in Allahs Hände alle Macht ist", sondern es ist die bewusste Anrufung um die Hilfe Allahs.

„Und auf Allah setzt euer Vertrauen, wenn ihr Gläubige seid!" (5:23)

Al-Wakīl ist derjenige, dem man uneingeschränkt Vertrauen schenken kann. Er gibt die Fähigkeit, offen und flexibel all die Dinge und Möglichkeiten, die auf einen zukommen, ohne Unruhe und Unlust anzunehmen, weil ich um die weise, fürsorgliche und schützende Kraft Allahs weiß. Und dieses Wissen, diese Zuversicht macht Platz im Herzen für Transformation.

Er gibt die Kraft, die abgrenzenden Qualitäten des verletzten Ichs aufzugeben und sich mehr und mehr mit den Göttlichen Qualitäten zu färben. Er gibt die Kraft, das Leben in seiner Schwere und Leichtigkeit zu akzeptieren, und befähigt, Verzweiflung in Zuversicht zu verwandeln. So wisse, dass alles zwischen Himmel und Erde in Seinen Händen ruht. Von einem Standpunkt aus gesehen, sind wir handlungsfähig und verantwortlich, von einem anderen Standpunkt aus betrachtet, ist Er der Handelnde und Wollende. Es gibt keine Negation, aber wenn man nur einem Aspekt verhaftet bleibt, verliert man den anderen. Und doch besteht nur Er.

Ein Mensch in der Qualität der vertrauenden Hingabe, tawakkul, ist jemand, der, wenn etwas auf ihn zukommt, es nicht aus seinem Fehler wachsen sieht und der nicht den Fehler als Strafe sieht. So vertraue auf Allah und tue, was zu tun ist, um das Gute, die Güte und das Mitgefühl wachsen und gedeihen zu lassen und das Schlechte und Ungerechte abzuweisen.

Jene, die Ängste in sich tragen, wie die Angst, zu ertrinken, die Angst, verbrannt zu werden, und ähnliche Ängste, sollen diesen Namen immer wieder wiederholen. Wisse, dass Allah immer das Bessere für dich wählt, auch wenn es deinem Ich nicht immer so erscheint, denn Sein Mitgefühl und Seine Gnade dir gegenüber sind grenzenlos, jenseits deines Vorstellungsvermögens.

Wenn ein Problem in deinem Leben erscheint, dann richte deine Aufmerksamkeit mit der Energie deiner Hingabe, deiner Liebe, deiner Sehnsucht nach Allah auf dieses Problem. Tauche das Thema, die Situation, in die du geworfen wurdest, in diese Energie und belasse es dort. Das ist tawakkul, Vertrauen! Hebe dein Haupt und tränke deine Augen, fülle deine Brust mit dem Göttlichen Licht, bevor du wieder hinunterblickst auf die Fakten, die dich umgeben.

Wenn du wahrlich auf Gott vertraust, kümmert Er sich um dich, wie Er sich um die Vögel in den Lüften, wie Er sich um die Käfer in den Wiesen, wie Er sich um die Fische in den Tiefen der Meere kümmert, die ganz im Tun und frei von Sorge sind.

Der Göttliche Name Al-Wakīl befreit den Geist von dem Trugbild, von Gott vergessen worden zu sein, von der Annahme des verletzten, gekränkten Herzens, nicht wert zu sein, in Gottes Gnade und Liebe gehalten zu werden. Er befreit von dem großen Schmerz, übersehen beziehungsweise nicht gesehen zu werden.

Dieser Göttliche Name beinhaltet die Qualität des Dienens und Dienen bedeutet immer, ein Beschützer des Lebens zu sein. Sei dir bewusst, dass alles mit allem zusammenhängt. Das Ziel des Dienens, das Ziel des Heilens ist immer die Einheit.

Jemandem wirklich zu helfen, bedeutet, ihn/sie darin zu unterstützen, das Gefühl der Trennung, die Illusion der Trennung aufzulösen, um sich auf den Weg zu machen, seine/ihre Vollendung zu entschleiern und aufzudecken. Wer seine Vollendung erfährt, dessen/deren Illusion der Trennung stirbt.

Die drei Qualitäten, die uns am meisten auf dem Weg des Dienens im Wege stehen können, sind Geiz, Zorn und Rache. Verbinde deine Sinne mit deinem Herzen. Je intensiver deine Sinne und somit deine Taten und dein Dienen mit dem Herzen verbunden sind, um so stärker wird das Feuer, das dort brennt, all das vernichten, was dir dabei im Wege steht, dich ganz zu machen.

Blicke mit dem Auge deines Herzens auf dein Leben, erkenne, dass du gesegnet bist, und vertraue dich immer mehr Ihm an, denn das Leben ist ein Evolutionsprozess des Vertrauens. Denn was ist Vertrauen anderes als die Hingabe an die im Seelengrund wohnende Liebe Allahs.

Übung für den Tag

Wenn du in einer Situation bist, die schwer für dich ist und aus der du keinen Ausweg siehst, so wiederhole:

حسبي الله ونعم الوكيل

ḥasbiyā llāh wa ni'ma l-wakīl

„Ganz vertraue ich Dir und Du bist mein wahrlich Vertrauter."

Möge dich aber dieser Satz auch in Zeiten der Leichtigkeit begleiten, denn er rückt das Leben in die Ausgewogenheit und bringt eine süße befreiende Freude.

Wusstest du

Jemand sagte: „Wie kann ich mich wohlfühlen, wenn der Engel der Posaune (Isrāfīl) seine Lippen auf die Posaune gelegt hat und auf den Befehl wartet, sie zu blasen?"

Der Prophet (ﷺ) nahm wahr, dass seine Gefährten erschreckt waren, und forderte sie auf, durch Rezitieren Trost zu suchen: „ḥasbuna llāh wa niʿma l-wakīl", „Allah allein ist ausreichend für uns, und Er ist der beste Versorger." [119]

30. RAMADANTAG

AṢ-ṢAMAD

DER EWIGE

Der Absolute, Ewige Unabhängige, von Dem alles abhängt, zu Dem alles in der Schöpfung sich hinwendet und Zuflucht sucht.

Der Gesandte Allahs (ﷺ) hörte einen Mann sagen: „Oh, Allah, ich bitte Dich, ich bezeuge, dass es keinen Gott gibt außer Dir, dem Einen, Al-Ahad, zu dem die Menschen sich um Hilfe hinwenden, Aṣ-Ṣamad, Der nicht gezeugt hat und nicht gezeugt wurde und Dem niemand gleich ist."

Und er (ﷺ) sagte: „Du hast Allah mit seinem größten Namen gebeten, wenn er mit diesem Namen gefragt wird, gibt Er, und wenn Er mit diesem Namen gebeten wird, antwortet Er." [120]

اللهم اني أسألك اني أشهد أنك أنت الله لا اله الا أنت الأحد الصمد
الذي لم يلد ولم يولد ولم يكن له كفوا أحد

allāhumma innī as'aluka innī 'ašhadu annaka 'anta llāhu la ilāha illā anta al-aḥad aṣ-ṣamad al-ladī lam yūlad wa lam yakun lahū kufuwan aḥad

Aṣ-Ṣamad bedeutet „absolute ungebundene, nichts benötigende Einheit, zu der nichts hinzugefügt oder weggenommen werden kann".

Wenn wir in unserem Herz glauben und verstehen, dass Gott von allem und jedem unabhängig ist, jedoch alles von Ihm abhängt, dass Er es ist, Der die Bedürfnisse aller erfüllt, wird es für uns selbstverständlich, uns an Ihn zu wenden und unsere Hoffnungen allein auf Ihn zu setzen.

Allah sagt uns: *„Keine Versorgung verlange ich von ihnen, noch verlange Ich, dass sie Mich speisen, denn, wahrlich, Gott Selbst ist der Bereiter aller Versorgung, der Herr aller Macht, der Ewige."* (51: 57-58)

Allah ist Aṣ-Ṣamad, Der von allem und jedem unabhängig ist, jedoch alles von Ihm abhängt. Jedes Geschöpf ist mit seinem Bedarf nach Luft, Wasser und Nahrung abhängig von Allah. Wir sind in allem von Ihm abhängig: Wenn wir müde sind, brauchen wir Schlaf, wenn wir krank sind, brauchen wir Gesundheit, wenn wir hungrig sind, brauchen wir Nahrung, wenn wir frieren, brauchen wir Wärme. Seinen Namen Aṣ-Ṣamad können wir immer dann erfahren, wenn wir einen Bedarf haben und Allah uns diesen zur Verfügung stellt und uns somit Seine fürsorgende Liebe zeigt.

Der Monat Ramadan wird mit dem Göttlichen Namen Aṣ-Ṣamad assoziiert, weil wir vor allem in diesem Monat erfahren, wie sehr wir durch Allahs Gnade, Liebe und Fürsorge leben.

Aṣ-Ṣamad ist Der, Dem sich die Herzen in Sehnsucht und Ehrfurcht zuwenden, zuwenden in der Sehnsucht, den Überfluss an Gutem und Lobenswertem, der in Ihm ist, zu erleben.

Dieser Name weist auf die Göttliche Essenz hin. Aṣ-Ṣamad ist derjenige, der die erhabenste Würde in sich trägt, der absolut Ganze, der Ewig Immerwährende, der Gleichzeitige und Zeitlose.

Aṣ-Ṣamad kommt von der Wurzel ṣ-m-d, aus der auch die folgenden Bedeutungen entstehen: „sich zuwenden", „standhalten", „trotzen",

„ausharren“, „dicht“, „leiten“, „ewig“, „immerwährend“, „Herr, der Niemandes bedarf“, „ausdauernd“, „Fels im weichen Boden“.

Eine stimmige Übersetzung für den Göttlichen Namen Aṣ-Ṣamad zu finden, ist schwierig. Aṣ-Ṣamad ist wie eine geballte Faust, wie ein Felsen, dicht, fest und voll, ohne Lücken, kein leerer Raum dazwischen.

Wenn wir nach etwas anderem als Allah greifen, greifen wir im Wesentlichen nach Leere. Nur wenn wir nach Gott greifen, sind wir geistig und seelisch erfüllt und zufrieden.

Wo Allah metaphorisch ganz ist, sind wir nichts als Löcher.

Aṣ-Ṣamad ist durch und durch Sein, unberührt von Zeit und Raum, keinem Wandel unterworfen. Aṣ-Ṣamad ist unteilbar und nicht aus Teilen zusammengesetzt. Aṣ-Ṣamad ist die Vollständigkeit aller Potenziale, die beständige, immerwährende Ewigkeit.

Ibn Al-'Arabi (1165 - 1240) erklärte: „Aṣ-Ṣamad ist die universelle Unterstützung und die universelle Zuflucht.“

Alles fließt zu Aṣ-Ṣamad und hat Aṣ-Ṣamad als Ziel! Es ist ein fortdauernder Prozess der Rückführung und der Verbindung. Wie der Fisch, der zum Ozean schwimmt, in dem er ist.

Aṣ-Ṣamad hilft uns, unserer individuellen Einheit entgegenzuschreiten und uns einzubetten in die uns umgebende Einheit auf dem gemeinsamen Fluss zu und in Ihm.

Das Erfahren des Göttlichen Namen Aṣ-Ṣamad legt in unser Herz die Gewissheit, dass wir umsorgt sind.

Der Mensch wird in der Qualität, im Wissen um seine Bedürftigkeit vom Nehmenden zum Gebenden. Bitte nicht um Schutz bei jemandem oder bei etwas, das vergehen kann. Bitte um Schutz immer nur bei Ihm.

Wenn uns unsere Essenz nicht bewusst ist, entsteht das Gefühl, dass etwas fehlt, entsteht ein Loch. Wenn der Kontakt mit dem eigenen Wert verloren gegangen ist, kommt das Gefühl von Leere, der

Minderwertigkeit und Unvollständigkeit und dann entwickelt sich das Bedürfnis, diese Leere von außen mit Lob, Zustimmung oder Anerkennung zu füllen.

Man ist sich dann nur mehr seiner Wünsche und Bedürfnisse bewusst: „Ich will dies und jenes. Ich will Erfolg, ich will, dass mich diese Person liebt, ich will diese Hilfe und jene Anerkennung!" Das Ego übernimmt die Führung und unsere Essenz bleibt bzw. verschwindet mehr und mehr in den Untergrund, in das Unterbewusstsein.

Jeder unserer Hohlräume ist mit einem psychologischen Thema, mit Glaubenssätzen, spezifischen Erlebnissen, negativen Interpretation unseres Lebens und unserer Traumen gefüllt.

Das Ego identifiziert sich mit diesen Erfahrungen, Ideen und Vorstellungen der Vergangenheit, man ist also nicht in dieser Welt, aber von ihr.

Gepriesen sei Allah, Er schenkt uns Konflikte, Probleme, Krisen, Herausforderungen und Grenzen, um etwas im Inneren zu entwickeln, um unser wahres Wesen aufzudecken, um etwas herauszufinden, ein Wissen, das wesentlich ist für uns, ein Wissen, das uns aus dem Exil nach Hause führt.

Allah erwartet nicht von uns, perfekt zu sein. Wenn wir unsere Beschränktheit, unsere Bedürftigkeit und unser Nichts zu Gott bringen, erfahren wir Seine Fähigkeit und Liebe, alle Bedürfnisse zu befriedigen: Aṣ-Ṣamad. Das Einzige, das Allah von uns möchte, ist unser Herz für Ihn zu öffnen, so, wie wir die Fenster in unseren Räumen öffnen, wenn wir Licht einfluten lassen wollen.

Mit dem Leid des Egos öffnen sich die persönlichen Aushöhlungen und Vertiefungen für die Wasser der Unendlichkeit und wir nehmen in unserer endlichen Gestalt auf geheimnisvolle Weise Anteil am Unendlichen.

Ist nicht die gesamte Existenz nur eine Reflexion des Lichts der Gnade Gottes, das sich in verschiedenen Formen manifestiert?

Ist nicht alles, was existiert, eine Manifestation von Gottes Namen?

Möge unser isoliertes Becken Brüche und Ritzen erfahren, durch die das Wasser des Ozeans einzufließen beginnt. Das Becken beginnt, den Geschmack des Ozeans zu kosten, und kann sich mutig dem Großen Wasser ergeben.

Seinen Rhythmus erfahrend, Sein Liebesrauschen hörend, wird das Becken ganz und ein Teil der Ganzheit. So lass täglich das Wasser des Ozeans dich berühren durch deine Gebete und deinen dhikr.

Aṣ-Ṣamad verhilft uns zur Umkehr, hilft uns, den Wind der Ganzheit anzurufen und ihn durch alle Poren unserer Existenz wehen zu lassen, lässt den Boden unseres Seins erbeben und die Trennungsbarrieren in sich zusammenfallen.

Aṣ-Ṣamad, die Ewige, die Allgegenwart, die näher ist als wir uns selbst, die wir wahrnehmen können, wenn wir dieses betriebsame Selbst entspannen. Verheißung steckt auch darin. Aṣ-Ṣamad hilft uns, der/die zu werden, der/die wir wirklich sind.

Mit Aṣ-Ṣamad klopfen wir an die Pforten des Unterbewusstseins und an die Tore unseres höheren Bewusstseins, bis die Dämme porös werden und die Flut der Einheit uns überschwemmt.

Er, Aṣ-Ṣamad, der Undurchdringliche, macht uns weit und grenzenlos, alle Angst und Zweifel mit sich reißend.

Der Göttliche Name Aṣ-Ṣamad kommt im Koran nur einmal vor, in der Sure 112. Sie ist Ausdruck der Treue zur Göttlichen Einheit.

Ein Mann hörte einen anderen Mann (Sura-Al-Iẖlāṣ) rezitieren: *„Sag, er ist Allah, der Eine.“* (112:1). Am nächsten Morgen kam er zu Allahs Gesandtem (ﷺ) und informierte ihn darüber, denn er dachte, es sei nicht genug, nur diese Sure zu rezitieren. Daraufhin sagte Allahs Gesandter (ﷺ): „Bei Dem, in dessen Hand mein Leben ist, diese Sure entspricht einem Drittel des Korans!“ [121]

Als der Prophet (ﷺ) von den Zweiflern gefragt wurde: „Wer ist dieser Gott, den du anbetest?“, kam die Offenbarung der Sura-Al-Iẖlāṣ als Antwort. Die ganze Sure ist eine Folge des Göttlichen Namens Al-Aḥad, der Eine:

من هو الله؟

man huwā llāh?

„Wer ist Gott?“

قل هو الله أحد

qul huwā llāhu aḥad

Sag: „Er ist der Eine Gott!“

من الأحد؟

mani l- Aḥad?

„Wer ist der Eine?“

الصمد

Aṣ-Ṣamad

„Die absolute ungebundene, nichts benötigende Einheit.“

من الصمد؟

mani ṣ-Ṣamad?

„Wer ist Aṣ-Ṣamad?“

الذي لم يلد ولم يولد

al-llaḏī lam yalid wa lam yūlad

„Der nicht zeugt, und Er ist auch nicht gezeugt.“

من الذي لم يلد ولم يولد؟

man il-llaḏī lam yalid wa lam yūlad?

„Wer ist Der, Der nicht zeugt und nicht gezeugt ist?“

الذي لم يكن له كفواً أحد

al-llaḏī lam yakun lahū kufuwan aḥad

„Der, mit Dem es nichts gibt, das mit Ihm verglichen werden könnte.“

Der Prophet (ﷺ) begann seinen Tag mit dem Rezitieren von Sura Al-Kāfirūn (109) in der ersten Rak'a und Sura Al-Iẖlāṣ (112) in der zweiten.

Diese beiden Suren werden auch die zwei Suren des Iẖlāṣ genannt.

Die erste Sure ist die negierende, nafīy, und die zweite ist die bekräftigende, iṯbāt.

Viele Muslime wiederholen diese beiden Suren, wenn sie die zwei Begrüßungsrak'a in der Moschee taḥiyyāt al-masǧid vollführen.

Übung für den Tag

يا أحد يا صمد

Yā Aḥad Yā Ṣamad

Fülle heute dein Herz mit diesen Göttlichen Namen, unterstütze dein Fasten mit ihnen und reinige dein Herz und deine Gedanken von allem anderen außer Ihm, subḥānahu wa ta'āla.

Wusstest du

Die Sura-Al-Iẖlāṣ, die Sure der reinen Gottesbekenntnis, trägt viele Namen, darunter Sura at-tawḥīd, die Sure der Einheit. Sie ist die Sure der Treue und Ergebung, Gott als den Einen erklären, sich zum Glauben an die Einheit Gottes bekennen.

Wieso entspricht sie einem Drittel des Koran?

Der Koran befasst sich zu einem Drittel mit tawḥīd, der Einheit, den Namen und Attributen Allahs, wie die Sura Al-Iḫlāṣ, zu einem weiteren Drittel mit den Geschichten der Propheten, mit dem Paradies und der Hölle und zu einem Drittel mit Regeln, Gesetzen und Verhalten.

Nachwort

Der Monat Ramadan geht zu Ende und die drei Tage des Festes kommen: ʻId al-fiṭr „Fest des Fastenbrechens", auf Türkisch Seker bayrami, „das Zuckerfest". Sie beginnen mit dem feierlichen Gemeinschaftsgebet und anschließenden Festlichkeiten.

Es sind Tage der Freude und der Feierlichkeit. Wir beglückwünschen uns gegenseitig zu der freudigen und segensreichen herausfordernden Zeit, die wir erfahren, dieses wunderbare Geschenk, das wir erhalten haben.

Erstaunlicherweise ist man auch traurig, dass diese doch nicht leichte, fordernde Zeit vorüber ist. Es ist, als ob der Körper glücklich darüber ist, aber etwas viel Tieferes trauert in uns in Sehnsucht. Es ist wie das Gefühl eines Menschen, der aus der Heimat auswandert, freudig und traurig zugleich.

Mit dem Ende des Ramadans ist unsere Arbeit aber noch nicht zu Ende. Wir haben einen Monat lang um Allahs Willen auf Essen und andere erlaubte Dinge verzichtet, wir haben auf das verzichtet, was uns normalerweise erlaubt ist, mögen wir jetzt die Willenskraft und die Liebe haben, um auf die Dinge zu verzichten, die Allah uns geboten hat, zu lassen. Möge Al-Hādī, der liebevoll Führende, uns durch das Jahr führen und mögen wir den Segen und die Vergebung Allahs im Herzen tragen.

Im Ramadan werden die Muslime jedes Jahr von Neuem angeleitet, intensiver über den Sinn und die Bedeutung des Lebens und des Jenseits zu reflektieren.

Es gibt keine absolut gute oder schlechte Zeit in der muslimischen Zeitwahrnehmung. Ob Zeit gut oder schlecht ist, hängt von uns Menschen ab. Es ist die Haltung des Menschen, die die Zeit gut oder schlecht macht.

„Wer immer an Gott glaubt, dessen Herz wird Er führen." (64:11)

Unser geliebter Prophet Muhammad (ﷺ) sagte: „Frömmigkeit ist hier", und zeigte dabei auf sein Herz. Dies wiederholte er dreimal. [122]

Möge Allah unsere Herzen stets in Seinem Gedenken halten.

Mögen wir stets Seine Liebe, Seine Gnade,
Seine Führung spüren und erfahren.

Mögen wir stets Seinem Weg von der Dunkelheit ins Licht folgen.

Jedes Einatmen ist Rückkehr zur Einheit, zu Ihm,
und jedes Ausatmen ein Ausdruck der Dankbarkeit
in der Welt der Vielfältigkeit und des Wandels.
Es ist, mit dem Herzen zu atmen, die Brust zu weiten
und dem Himmel Einlass ins Herz gewähren:
„Haben wir nicht dein Herz geöffnet (deine Brust geweitet)!" (94:1)

Geboren in die Welt, öffne durch deine Taten
die Tore zum Paradies! Das Göttliche ist wie der Ozean,
der sich in Millionen von Wellen zeigt.

نور على نور

nūrun 'ala nūr

„Licht über Licht"

Anmerkungen

1 Mishkat al-Masabih von Khatib al-Tabrizi Nr. 1994
2 Mishkat al-Masabih von Khatib al-Tabrizi Nr. 1993
3 Sahih Al-Buchari Nr. 1896
4 Sahih Muslim Nr. 2308 a
5 Sunan an-Nasa'i Nr. 2106
6 Ahmad Nr. 239
7 Sahih Al-Buchari Nr. 1904
8 Sahih Al-Buchari Nr. 13
9 Sahih Al-Buchari Nr. 1904
10 Sahih Al-Buchari Nr. 6471
11 Makarim Al-Akhlak von al-Hasan al-Tabrizi
12 At-Tirmidhi Nr. 1987
13 At-Tirmidhi Nr. 83
14 At-Tirmidhi Nr. 3505
15 Sahih Al-Buchari Nr. 2457
16 Riyad as-Salihin von al-Nawawi Nr. 611
17 Sunan an-Nasa'i Nr. 2588
18 At-Tirmidhi Nr. 1490
19 Sahih Al-Buchari Nr. 6389
20 At-Tirmidhi Nr. 3510
21 At-Tirmidhi Nr. 139
22 Nawāfil, Mehrzahl von Nāfila = freiwillige Leistung, wie z. B. Gebet, Fasten, Almosen usw., welche über die von Allah vorgeschriebenen Pflichten hinausgehen.
23 Sahih Al-Buchari Nr. 6502
24 Sahih Muslim Nr. 2699
25 Sunan an-Nasa'i Nr. 5224
26 At-Tirmithi Nr. 3850
27 Muhammad Khali, Khalid Muhammad Khalid: Men Around The Messenger. Kuala Lumpur: Islamic Book Trust, 2005.
28 At-Tirmidhi Nr. 1954
29 Malik Nr. 1643
30 Sunan an-Nasa'i Nr. 1601
31 At-Tirmidhi Nr. 1962
32 Sahih Muslim Nr. 2526 d
33 Sahih Buchari Nr. 5061
34 Ibn Hibban Nr. 5236
35 Sahih al-Buchari Nr. 37
36 Sahih Buchari Nr. 5878
37 Sahih Muslim Nr. 2609 b
38 Sunan Abi Dawud Nr. 2363
39 Sahih Muslim Nr. 2594 a
40 Sahih al-Buchari Nr. 121
41 Sahih Muslim Nr.2177
42 Sahih Muslim Nr.2179
43 Sahih Muslim Nr.2568
44 Sahih Muslim Nr. 2590 b
45 Sahih al-Buchari Nr. 7150
46 Sahih Muslim Nr. 2586 c
47 Sahih Muslim Nr. 534
48 Sahih Al-Buchari Nr. 6463
49 Sahih Muslim Nr. 2564

50 Sahih Al-Buchari Nr. 2827
51 Sahih Al-Buchari Nr. 1403
52 Sahih Al-Buchari Nr. 6462
53 Sunan Abi Dawud Nr. 4344
54 Sahih Al-Buchari Nr. 5972
55 Sahih Al-Buchari Nr. 13
56 Sahih Al-Buchari Nr. 2320
57 Sahih Al-Buchari Nr. 3482
58 Hadith qudsi
59 Sahih al-Buchari Nr. 39
60 Rabb, bedeutet: Erzieher, Erhalter. Es kommt von der Wortwurzel: etwas zu erheben, zu erziehen, hervorzubringen, etwas, das zuerst auf einer unvollkommenen Ebene war.
61 Sahih Muslim Nr. 91 a
62 Sahih Muslim Nr. 1413
63 Mischkat al-Masabih Nr. 2329
64 Sahih Al-Buchari Nr. 3320
65 Riad as-Salihin Nr. 756
66 Riad as-Salihin Nr. 772
67 Sahih Muslim Nr. 2024 a
68 Sahih Al-Buchari Nr. 172
69 Abu Dawud Nr. 3728
70 Sahih al-Buchari Nr. 6412
71 Sahih Al-Buchari Nr. 6416
72 Sahih Al-Buchari Nr. 6512
73 Sahih Al-Buchari Nr. 6508
74 Sahih Al-Buchari Nr. 6464
75 z. B.: (19:60), (20:82), (25:70), (28:97), (65:11)
76 Sahih Al-Buchari Nr. 6169
77 Mishkat al-Masabih von Khatib al-Tabrizi Nr. 45
78 Sunan Abi Dawud Nr. 4903
79 Sahih Al-Buchari Nr. 1903
80 Sahih Al-Buchari 7501
81 Sahih Al-Buchari Nr. 6514
82 Sunan Abi Dawud Nr. 4946
83 Sahih Sahih Muslim Nr. 59
84 Sahih Sahih Muslim Nr. 2566
85 Sahih Al-Buchari Nr. 13
86 Sahih Al-Buchari Nr. 4826
87 Sahih Al-Buchari Nr. 6490
88 Sahih Al-Buchari Nr. 7436
89 Manifestation der göttlichen Wahrheit im menschlichen Herzen und in der Schöpfung.
90 Sunan Ibn Majah Nr. 670
91 Sahih al-Buchari Nr. 555
92 Sahih Al-Buchari Nr. 6489
93 Sahih At-Tirmidhi Nr. 425
94 Sahih Muslim Nr. 752
95 Sahih Al-Buchari Nr. 6488
96 Sahih Muslim Nr. 867 a
97 Sahih Al-Buchari Nr. 6483
98 Sunan Abi Dawud Nr. 1530
99 Muwatta Malik Nr. 1643
100 Sunan Abi Dawud Nr. 3854

101 Sahih Muslim Nr. 2695
102 Riad as-Salihin Nr. 1194
103 At-Tirmidhi Nr. 803
104 Muwatta Malik Nr. 695
105 Sahih Muslim Nr. 1998
106 Sahih Al-Buchari Nr. 231
107 Musnad Ahmad Nr. 10734
108 At-Tirmidhi Nr. 3513
109 At- Tirmidhi Nr. 2910
110 Al-Lawḥ al-Maḥfūḏh, die wohlverwarte Tafel, der Ort, an dem die Dekrete Allahs aufbewahrt werden, geschützt vor Hinzufügung, Wegnahme, Verfälschung und Veränderung.
111 Sahih Al-Buchari Nr. 7290
112 Riyad as-Salihin von al-Nawawi Nr. 1188
113 Sunan An-Nasa'i Nr. 1671
114 Sahih Al-Buchari Nr. 1147
115 Hadith qudsī
116 Sahih Al-Buchari Nr. 4777
117 Musnad Ahmad Nr. 640
118 At-Tirmidhi Nr. 3508
119 At-Tirmidhi Nr. 409
120 Sunan Abi Dawud Nr. 1493
121 Sahih al-Buchari Nr. 5013
122 Ahmad Nr. 16208

Koranzitate aus dem Buch „Die Botschaft des KORAN“ von Muhammad Asad, Patmos Verlag (2015)

Service

Die Autorin hat für alle interessierten Leserinnen und Leser eine Aufnahme zu den Gebeten im Buch erstellt. Diese Aufnahme steht Ihnen als MP3-Download zur Verfügung.

Besuchen Sie folgende Website:

www.sheema-verlag.de/der-ruf-allahs/

Wir wünschen Ihnen viel Freude damit.

Vita

Rosina-Fawzia Al-Rawi,
geboren 1965 in Bagdad, aufgewachsen in Irak, Libanon, UAE, Ägypten, Österreich, studierte Islamwissenschaften und Ethnologie in Wien und Kairo,
Doktor der Islamwissenschaften,
Lektorin an der Universität Jerusalem.
Seit 2007 Leiterin des Haus des Friedens in Wien.
Autorin von mehreren Büchern, leitet Seminare und Vorträge weltweit.

www.haus-des-friedens.at | www.fawzia-al-rawi.com

Bücher der Autorin

Der Ruf der Großmutter: Oder die Lehre des wilden Bauches, Promedia, Wien; 4. Auflage (2003)

Tante Fatima kauft einen Teppich, Sphinx Verlag (2002)

Zwischen Tisch und Diwan: Ein orientalisches Kochbuch. Über 140 Rezepte der orientalischen Kochkunst, Promedia, Wien; 2., neu durchges. Auflage (2007)

Gelber Himmel, rote Erde. Frauenleben in Palästina, Promedia Verlagsges. Mbh, Wien (1994)

Der Hauch der Ewigkeit: Die 99 heilenden Namen der EINEN Liebe, Sheema Verlag (2014)

SeelenBlüten: 52 Weisheitssprüche und 52 Blütenfotos, Sheema Verlag (2017)

Der Tanz in die Weiblichkeit: Bauchtanz, Übungen & Meditationen aus der Tradition des Sufismus, Sheema Verlag (2018)

Meine Seele begann zu flüstern: 40 Geschichten aus der Welt der Sufis, Sheema Verlag (2019)

Besuchen Sie unsere Homepage,
dort finden Sie weitere Bücher, Hörbücher und CDs.
Wir freuen uns auf Sie!

www.sheema-verlag.de

KONTAKT

Sheema Medien Verlag
Bücher. Aus Liebe.

Hirnsbergerstr. 52
D - 83093 Antwort

Tel.: 0049 - (0)8053 - 7992952

E-Mail: info@sheema.de

https://www.sheema-verlag.de

MÖGEN ALLE WESEN GLÜCKLICH SEIN